丛书编委会

总　策　划：来新国　王文成

编委会主任：郭齐勇　周晓亮

编　　　委：来新国　陈知涯　张　彧　尹格韬　沈　众

　　　　　　王文成　孟淑贤　周长志　罗养毅　秦　丹

　　　　　　乌　琛

大家精要

焦竑

韩伟 著

Jiao Hong

陕西师范大学出版总社

图书代号 SK16N1031

图书在版编目(CIP)数据

焦竑/韩伟著. —西安：陕西师范大学出版总社
有限公司，2017.1（2024.1重印）
（大家精要）
ISBN 978-7-5613-8728-3

Ⅰ.①焦… Ⅱ.①韩… Ⅲ.①焦竑（1540—1620）—
传记 Ⅳ.①B824.99

中国版本图书馆CIP数据核字（2016）第272669号

焦 竑　JIAO HONG

韩　伟　著

责任编辑　郑若萍
责任校对　马凤霞
特约编辑　宋亚杰
封面设计　张潇伊
出版发行　陕西师范大学出版总社
　　　　　（西安市长安南路199号　邮编 710062）
网　　址　http://www.snupg.com
印　　制　永清县晔盛亚胶印有限公司
开　　本　650 mm×930 mm　1/16
印　　张　10
字　　数　100千
版　　次　2017年1月第1版
印　　次　2024年1月第2次印刷
书　　号　ISBN 978-7-5613-8728-3
定　　价　45.00元

目　录

第 1 章

出身寒门的学士

　　古代的金陵一直是以风景优美、人杰地灵著称，很多朝代都曾在此地建都，三国时期的东吴，以及后来的东晋和宋、齐、梁、陈都选择这里作为自己的政治和文化中心。历史的沧桑往往会带来文化上的成熟，因此这里有秦淮河，这里有乌衣巷，这里还有焦状元巷，而这个小巷就是本书所要介绍的晚明文人焦竑的居所。在对这位明代状元冠以学者、思想家、历史学家和考据学家等头衔之前，我们最好还是首先回到焦竑本人。

　　焦竑的出身并非显赫，但足以令他感到骄傲，这个骄傲的资本首先应该归功于他的四世祖"武略公"焦朔。穷兵黩武的元代统治者试图按照游牧民族的习惯统治几千年来以"黄色文明"为主的中原地区，结果在元朝末年各地纷纷爆发了大规模的农民起义，焦朔就是当时农民起义大军中的一分子。他是山东日照县花崖里人，所以后来焦竑称自己的乡贯时，虽然一般说成是金陵、江宁或者上元，但有时也说成是琅琊（山东的古名）。焦朔参加了朱元璋的部队，1367 年随徐达北伐，在河北省白沟河大败元军的战役中立下显赫战功，被编入朱元璋的亲军——屯住南京近郊的旗手卫。旗手卫是明代卫戍皇城的禁卫亲军之一，明太祖时设于南京，其后在北京也有设置。焦朔被授予副千户的世职，于是落籍南京。焦竑的这位始祖通过自己的努力为后代谋得的是一个可以管理一千多人的中下等职位。

除此之外，焦朔由于作战非常勇敢，曾得到过朱元璋的亲自接见，还被赐名"庸"。这份荣耀对于一个下级官吏来说是十分难得的，甚至可以成为一个家族的精神资本，所以焦朔故去一百多年之后，他的后代焦竑仍对这位远祖的赫赫战功拳拳服膺。当焦竑会试屡试不第的时候，一次途经祖先曾扬名立万之地，不由得悲从中来，随即赋诗一首，名为《白沟河》：

> 风烟莽莽白沟河，欲问奇功迹已磨。
> 芦荻几家今若此，貔貅万灶凤曾过。
> 承家我愧垣荣祖，破虏谁还马伏波。
> 钟鼎空存人自远，耳孙无那泪滂沱。

由此可见，当本书的传主——焦状元功业未竟之时，想到的首先是自己祖先的赫赫战功，从而勉励自己，也可以理解为对自己华发已生，但仍然碌碌无为的自嘲。而对于焦竑来说，这种失落并非都来自对自身的感叹，更多地则源于一种对家族的责任感，因为在他的身上寄托着其父——焦文杰的殷切希望。

焦竑之父焦文杰，字世英，号后渠。在他三岁时，焦竑的祖父就去世了，所以焦文杰的一生"备尝艰辛"，十六岁袭千户职，执掌军政近四十年，但终其一生多半都是在贫寒节俭中度过的。他晚年皈依佛教，过着与世无争的生活，寄情山林，"婚嫁应酬一切不问"。而焦文杰的这份"澹然"，在他的子女中间则起到了言传身教的作用。

焦文杰共有四子，焦竑排行第三，他的长兄（伯兄）是焦瑞，次兄叫焦靖，弟弟叫焦暂。其中受焦文杰影响最大的是焦竑的大哥焦瑞。

焦瑞字伯贤，号镜川，少年时即以文才和贤良闻名乡里。据《金陵通传·焦瑞传》记载，初家贫，以授徒为业，为人认真负责，如有学生成绩不好，则拒收"束脩"。后以贡生授广东灵山县的县令，有政绩。在政务上，一丝不苟，刚正不阿，敢于为民请命。同时他也十分重视地方军备，在任期间勤于锻炼士兵，使境内盗患得以平息，因此在当地人中有较好的口碑。终因不满意大学士张居正的新法而弃官归里，归家时两袖清风，随身"仅有八金"。可以说，父亲以及长兄的言传身教对焦竑的影响是巨大的，焦竑耿介的性格、"持志守静"的人生态度无不折射出这种影响的影子。

除此之外，焦文杰及焦瑞也有意识地对焦竑加以培养。因为焦家祖上出身行伍，几代都荫袭祖德，做一个中下层官吏，没有可以饱读诗书而光宗耀祖的子弟，于是当焦文杰发现焦竑的独特禀赋时自然要寄托殷切希望。明代《本朝分省人物考》之《焦竑传》称"竑生有异质，闻道甚早，而好学，虽老不倦"，可见焦竑确有独特的资质。焦文杰因此便嘱托焦瑞"家有读书种子，当不断绳矣"，希望焦瑞对这位有"异质"的弟弟善加教导。自然这位长兄对于焦竑来说便又多了一重老师的角色，除了向焦竑传授经学之外，还涉猎除朱注以外的其他古注疏。对此焦竑在《澹园续集》卷一的《刻两苏经解序》中回忆说："余髫年读书，伯兄授以课程，即以经学为务，于古注疏，有闻，必购读。"这使得焦竑很小的时候，就对《左传》《国语》《战国策》《史记》《庄子》《离骚》等书相当熟悉，并且可以"模拟而为文"。这种从小的家学训练和熏陶对焦竑的影响是深远的，焦竑日后的学术兴趣，自经史以至稗官、杂说，应该说与这种早年的学术训练是分不开的，甚至当晚年学有所成时，除说"父督甚严"之外，仍念念不忘其兄的督教之功。

焦竑的次兄焦靖，袭千户职，后升为都司（指挥史），是统几个千户所的军官。其职位比只做到副千户的焦家的先祖要高了许多。焦竑习惯称其为"都阃兄"。焦竑弟名晳，号沂川，据《金陵通传》称焦晳有子德生，字茂孝。德生母胡氏对儿子管教很严。德生遵母训，力学，有名声，崇祯十四年病卒。对于焦竑的这两位兄弟，由于资料的缺乏，过多的信息已无从得知，只是在《澹园集》卷四十二中存两首七律谈到了他们，题为《四弟六十生日同都阃兄觞之因赋二首》，诗云：

> 曾参仲叔悬孤燕，尔亦相随到六旬。
> 历尾支干今更数，床头醹醁未全贫。
> 风光坐惜垂垂老，世路旁观局局新。
> 弟劝兄酬聊自慰，不妨同作醉乡人。
>
> 十载金闺载笔行，殊方玉帐盛谈兵。
> 龙驹我自推持论，骠骑于君未减名。
> 家有橘奴贫亦足，世同蕉鹿梦何惊。
> 北窗五月堪高卧，风送清溪处处声。

　　试想，在花甲之年三位老兄弟一同把酒言欢，是何等惬意之事。历经人生悲欢离合，荣辱也好，贫寒也罢，似乎都是人生的一种财富，不妨"同作醉乡人"，一同体会"风送清溪"的天籁之音。可以说这是一种人生的境界。也许此时当三位老兄弟想到他们故去多年的父亲时，更能体会父亲晚年时寄情山水、皈依佛老的那份澹然吧。

　　虽然不同的学者对焦竑的生卒年有不同看法，但多数人倾向其生于明世宗嘉靖十九年（1540），卒于明神宗万历四十七年（1619），享年八十岁。焦竑字弱侯，又字从吾，号澹园、漪园、澹园居士、澹园老人、漪南生、太史氏等。据卜键、李剑雄等先生的考证，焦竑在撰著文学戏曲评论文章时，还曾经用过"龙洞山农"的名号。焦竑去世二十多年以后被南明弘光皇帝朱由崧追谥为"文端"。焦竑一生先后有两个妻子，共生子三人，即尊生、周（又名朗生）、润生，女四人。

两任妻子在焦竑看来，都是勤俭知礼、恭孝谦逊的。第一任夫人为朱氏，系老儒朱鼎之女，两人共同生活了十四年，生有尊生和周两子，女两人。病逝时年仅三十六岁。

焦竑的第二任妻子，是武举人赵琦之女。赵氏与朱氏一样十分勤劳、贤淑、孝顺，视朱氏的儿女如同己出，对焦竑的父亲也极为孝敬。赵氏生有一男、两女，润生即是其子，与焦竑相伴三十二载而卒。焦竑对两位妻子极为认可，将两人合葬在一处。

焦竑的三个儿子中，长子焦尊生，字茂直，万历二十五年（1597）贡生，有文才。尊生与公安三袁有所交往，与小修袁中道的感情更为笃厚。万历二十三年九月，小修赴吴县探望袁中郎，途经南京，到焦竑家，与尊生相识，两人一见如故，小修有诗《焦茂直偕数人饮流波馆中，时已有别意》，诗云："未面已相识，对谭岂不欢。只愁缘渐熟，又使别时难。"当万历三十七年尊生去世时，小修与汪道昆再次来到焦家，悲痛之情溢于言表，"讯及二郎死讯，予不觉泪如下"。当即赋诗十首，题为《哭茂直焦二兄十首》，这些诗除了赞扬尊生好学、珍惜光阴之外，更多的是对好友英年早逝的惋惜，以至发出"感此心灰冷"的悲惋之叹。

焦竑次子焦周，字茂潜，万历二十八年举人。在焦竑的三个儿子中，焦周的学问应该是最好的一个，在精神气度上也与其父很是相似，而且天资聪颖，五岁即可吟诵《国风》，成年之后，"博洽好古，不干仕进"，遇事好发议论，意气凌厉且慷慨激昂。公安三袁中的袁宏道对其评价较高，认为他"颇有高识""殆难为敌"。焦周著有《说楛》七卷，卒于万历三十三年。

　　焦竑三子名润生，字茂慈，号随园，赐荫南京詹事府主簿，升太常典簿，由于办事得力，后任云南曲靖知府。在焦竑的三个儿子中，润生是侍奉其终老的一个。两个兄长的相继故去，使得润生对父亲倍加孝顺。另外润生曾从父命拜在焦竑的同门学者黄汝亨门下。其刚正不阿的气质也与焦竑极为相似。他死于南明永历元年即清朝顺治四年（1647），经历了明崇祯末年的风雨飘摇。据《明史·忠义传》和《金陵通传》记载，润生任曲靖知府间，遇孙可望围城，被俘，可望"欲降之"，但润生最终"不屈死"。这已经是其父焦竑卒后二十八年的事了，但这可视为焦氏一族健拔刚正之精神气质的延续。

第 2 章

一片赤诚五十载

　　中国社会从隋朝开始便出现了一种独特的人才选拔方式——科举。到了明代，朱元璋吸取了元朝统治者"以武治国"而导致灭亡的经验教训，于洪武三年（1370）即下诏开科举，规定"中外文臣皆由科举而进，非科举者勿得为官"。因此明代建国以后在刘基、宋濂等人的倡导下，开始重视知识，并大规模地选拔知识分子加入政治生活之中。很快地，一个集权但又有知识分子参政的政体便建立起来了。明朝末年来华的意大利传教士利玛窦曾赞赏地记述中国的文官政治"标志着与西方的一大差别而值得注意的另一重大事实是：他们全国都是由知识阶层，即一般称为'哲学家'（指儒生）的人来治理的，井然有序地管理整个国家的责任完全交付给他们来掌握"。

　　从另一个角度来说，这种集中选拔知识分子的方式也会随着社会的逐渐体制化而成为一种束缚，此时科举制的弊端显然会大于它的益处。明代中后期以后这种弊端显露得尤为明显，这有几方面的原因：首先，明代中后期政治日渐腐败，科场舞弊现象十分严重，先后经历了刘瑾集团和严嵩集团的结党营私，使得科场成了不同势力钩心斗角的战场。其次，文官政治树立了一个与自身高度适应的社会政治思想——儒家思想，并通过对文官选拔试图使之成为知识分子的共同信仰，这种唯我独尊的思想模式，十分不利于其他思想的发展，从而很可能使一些具有真才实学之士被拒之门外。再次，考试的题材和体裁越来越僵硬和固定。题目必须从《论语》《大学》《中庸》《孟子》中出，故又称"四书文"。考生答题须按经依传，代圣人立言，而且必须以程朱理学派的注释为准，不得自由发挥，结构体裁须依一定格式，每篇文章须由破题、承题、起讲、入手、起股、中股、后股、束股八部分组成。

可见，在明中后期的现实条件下，科举已经成了读书人的精神枷锁，这在一定程度上也造成了焦竑五十年的悲剧人生。焦竑对考试的看法是随着时间的沿革而发生变化的。由于天资聪明，十六岁即通过童子试，二十五岁通过乡试，此时的焦竑尚未对这种制度有过多的思考。但在以后的二十五年中焦竑则备尝艰辛，也使他在情感上对这种考试产生了微妙的变化，支撑他应举的动力更多的是父兄的殷切希望和自己对家族的责任感，这一点在他后来写给日照县族人的信中有所表露。他在《与日照宗人书》中称："某自髫年发愤向学，岂第为世俗梯荣计，实吾父督教甚严，不忍怠弃，欲因之稍稍树立，不愧家声耳。"可见在焦竑心中，"不愧家声"是促使其不断参加考试的很重要原因。焦竑在嘉靖三十四年（1555）十六岁时便以南都第一名的身份选为京兆学生员，在考试中受到了当时的督学赵公和薛公的赏识，随即入选应天府学读书。焦竑的经师是王铣（字重之，号春沂），刚刚从浙江松阳县任上改为学博士。在这一时期，焦竑广泛地涉猎了《国语》《左传》《庄子》《离骚》等重要典籍，加之兄长焦瑞的不断调教，使得年少的焦竑具备了丰富的知识储备和宽广的学术视野，这在一定程度上为后来焦竑在史学、考据学、文学成就方面打下了坚实的基础，而且对后来他能以平和的态度看待儒释道三教是不无裨益的。

焦竑在嘉靖三十七年参加了乡试，时十九岁，但此次焦竑并未考中。次年读书于金陵天界、报恩二寺。他曾说："忆余弱冠，读书天界、报恩二寺。路旁松柏成行，皆居士手种。"这里的"居士"当是指顾源。顾源，字清父，号丹泉，又号宝幢居士，少时豪放不羁，诗书画皆不泥古法，潜心禅理，非名流不结交。焦竑在两寺读书期间不但熟读儒家典籍，而且也开始深入地接触道家思想，曾对苏辙《老子解》一书倍感新奇，而且也潜移默化地受到了顾源禅学思想的熏陶。此时的焦竑较为清贫，几乎没有余钱购书，因此多半是向别人借阅或亲自手抄，这种对书籍的喜好注定他日后会成为一位著名的藏书家。据载，他经常前往唐顺之处借阅书籍，而唐顺之是明代一位精通天文、地理、数学、历法、兵法及乐律的学者和著名散文家，也是"唐宋派"的主要代表人物，还是嘉靖间江浙的重要藏书家，曾学于王畿。

　　铸就焦竑日后在思想和学术上非凡成就的另一个重要原因，在于他对阳明心学的改造和吸收。而这很大程度上要归功于焦竑生命中一位很重要的人物——耿定向，他引领焦竑窥得心学门径。嘉靖四十一年冬，泰州学派的著名学者、教育家耿定向来督南直隶学政，进行了一系列的改革措施"正学风，迪士类"，建书院弘扬阳明心学。定向对焦竑十分看中，竟以国士之礼待之，焦竑也正式拜在耿氏门下，时年二十三岁。后来定向因事暂离金陵，又把焦竑托付于泰州学派的另一位学者史桂芳。桂芳亦是一位重要的良知学者，字景实，号惺堂。史桂芳是陈白沙的再传弟子，后与定向友善，为人耿直，曾任南京刑部主事，又任应天府学博士，在南京凡六年。其对焦竑的教育是十分注重方法的，当时焦竑年少气盛，"未知所向往"，对此桂芳则循循善诱，使焦竑逐渐开始接触心学。

　　在此期间焦竑也结识了一批志趣相投的朋友，他们大多是一些有独特见解的有识之士，其中包括后来拜在耿定向门下著名的阳明学学者管志道（东溟）和李渭（同野）、李登（士龙）等人。另外，由于交游广泛，加之学品人品俱佳，此时的焦竑已经小有名气，身在北京时任国子监教官的李贽已经开始倾慕这位远在南京的少年，并产生了与之结交的念头。两人在隆庆元年（1567）焦竑赴京准备会试时订交，而真正的交往则是在隆庆五年，时李贽改任南京刑部员外郎，居于龙山（今鸡笼山）之下。自此焦、李二人惺惺相惜，开始了长达三十多年的友谊。

焦竑勤奋刻苦的付出，在他二十五岁的时候获得了回报。嘉靖四十三年（1564）焦竑终于得偿所愿在应天府乡试中举，时座师为沈启元（字道初，号霓川），后来他在《陕西按察司副使霓川沈先生行状》中说："嘉靖甲子比士……霓川沈先生以南屯部郎校尚书得十有三人，不佞某亦幸与焉。"可以说现在摆在焦竑面前的是锦绣前程，但令他没有想到的是，在此后的二十五年中他却步入了人生的寒冬。明代的科举考试由乡试、会试至殿试三级构成，通过乡试者为举人，通过会试者为进士。一般情况下唯有成为进士，读书人才可认为有所成就，因为当时的情况是"非进士不入翰林，非翰林不入内阁"，成了进士才有入翰林的机会，而进入翰林院成为翰林虽不能算作多大的实权官员，但却具备了成为大学士的机会。明代不设宰相之职，大学士的作用就相当于宰相。张居正、申时行、许国等人就是通过这样的路径施展抱负的。由此，读书人自然心向往之，并为其奋斗不息。焦竑自然也不例外，虽然他心中对科举有矛盾而复杂的态度，但仍然不能免俗。

在中举之后的二十五年中，焦竑先后六次会试不第，分别是在二十六岁、二十九岁、三十二岁、三十八岁、四十一岁和四十四岁。焦竑也由一个风华少年变成了一位知天命的老者。

这种人生打击自然使得他的心态开始发生了细微的变化，加之常年的生活困窘，有时甚至要朋友接济，从中可以看出焦竑在中年的大部分时光是在悲凉和贫寒中度过的。隆庆二年（1568），即焦竑第二次会试落第的冬天，他亲率门人来到湖北黄安拜谒他的老师耿定向，与耿氏兄弟（定向、定理、定力）相处了很长一段时间，直到第二年春方离去。临别时宾主双方效古法，以赋诗相赠别，焦竑随性赋诗一首，名曰《留别天台耿先生》，其诗云："千岩落木动微寒，匹马西来岁欲残。四海风流今下榻，一尊烟雨夜凭栏。"这首诗从词语的运用到意境的营造都透出一种悲凉之气，颇有苏东坡"一蓑烟雨任平生"之意，但此时的焦竑更多的是无奈，而没有东坡居士的豁达。这一时期的另一首诗则更能充分地表现出焦竑此时的内心波澜，题为《初还退园作》：

> 犹忆高秋赋远游，归来吾土又登楼。
>
> 虬龙满地荒烟合，鹿豕开门野草幽。
>
> 鲁仲不辞东海去，周颙何意北山留。
>
> 千年投研男儿事，愧我谈经自白头。

鲁仲，战国时期齐国人，侠肝义胆，有德行，坚决主张拒秦，曾言秦一旦称帝，将投东海自尽。周颙，南朝人，曾隐居于建康（今南京）北山（钟山），以清高不仕自许，后应诏出山为官，又再过此地，孔稚圭作《北山移文》借山神之名讽刺之，拒绝其从此路过。"投研"，当为"投砚"。面对依然如故的房舍，自己又一如既往落魄地独自登楼，心中的悲凉是可想而知的。男儿本当志在四方，而自己很有可能会一生潦倒、皓首穷经。在这种心境之下，眼中的一切都将是悲凉的"残机夜雨丝丝泪，团扇秋风字字悲"。

尽管焦竑在试场上频频失利，却难掩他的才华和在学者中间的地位。嘉靖四十五年（1566），焦竑二十七岁，与耿定向之弟耿定理结识。同年夏，邹德涵前来向定向、定理兄弟问学，定理"数问而不答"，德涵相当气愤。后来定向推荐其到焦竑处，次年则有所启发。虽然没有明确史料记载焦竑是否亲自启发德涵，但受到焦竑的影响应该是确定的。还有一件事可以为证，耿定向在清凉山上筹建崇正书院，六月，书院建成，选拔江南十四郡名士读书其中，欲造一代良知学者而"延焦竑主其教"，举焦竑为众生之长，代为讲授及处理事务，从而使得焦竑的名声越发响亮。可见，耿定向对焦竑是十分关照和信任的。焦竑也对这位老师推崇有加，并笃信之，终生执弟子礼。当定向于隆庆元年（1567）离开金陵后，两人时有书信往来，且在定向故去之后焦竑写了多篇怀念恩师的行状、祭文和墓志铭，仅在《澹园集》中关于耿定向的文字就有十四篇之多。

可以说，焦竑是一位典型的中国学者，虽屡困公车但始终不改其志。在落魄的二十五年中，仍勤奋如初，广交名士，遍览名胜。先后结交了管志道、耿定理、耿定力、杨希淳、高朗、邹德涵、潘士藻、潘朝言、邹元标、陈所闻、万达甫等，并经常与这些名士交流心得、切磋学问，学行、品行互相砥砺。焦竑的交友重在气节和品行，不仅仅单纯地以学识为标准，或者说两者相比，焦竑更看重前者。

除了广交名士，丰富学养，焦竑在五十岁考取状元之前一直笔耕不辍，每有所感辄抒以成文，诗文的数量都相当可观。更为重要的是作为一个学者，焦竑在此期间编辑、刊刻了很多著述，内容涉及儒释道各个领域，如整理《酒经》，辑编《老子翼》《庄子翼》，根据平时读书笔记和心得编成《焦氏笔乘》《焦氏类林》，主持刊刻泰州学派著名学者罗汝芳《近溪语录》、谢灵运《谢康乐集》、杨慎《杨升庵集》，还不断搜集整理著名学者杨慎的著作，为日后编辑《升庵外集》作了充分的前期准备。

至此，焦竑的坎坷人生即将出现转机。在屡试不第的二十多年岁月中焦竑一如既往地坚持读书、交友、著述，为以后学术上的进步打下了坚实基础。另外，坎坷的经历也使得焦竑的人生更为精彩和充实，对于他来说这又是一笔财富，从而成就了学术和文学俱佳的明朝一代著名状元。

第 3 章

十年宦海苍茫

经历二十多年的努力，焦竑于万历十七年（1589）终以会试一甲第七名、殿试一甲第一名的身份成为状元。明制殿试分三甲，一甲三名"赐进士及第"，二甲若干名"赐进士出身"，三甲若干名赐"同进士出身"，一甲可以不再复试，直接进入翰林院。因此焦竑很快进入了翰林院，官翰林修撰。修撰是官职从六品的史官，主要负责"掌修国史"，较为清闲且没有实权，但有逐渐晋升为学士的机会。明制学士"掌制诰、史策、文翰之事"备皇帝顾问，同时"掌讲经读书"。明代自洪武十三年（1380）为加强中央集权废除中书省，十五年设大学士，仁宗以后其位渐崇，掌实际上的宰相之权。万历十七年时的内阁首辅是申时行，次辅是许国和王锡爵，都为翰林院学士出身。

焦竑生活的时代，整个国家的政治环境是十分复杂的，这种复杂的情况从神宗皇帝即位、大学士张居正任首辅时期便开始逐步形成了。万历初年，以法家思想为指导的大学士张居正先后斗败其他两位顾命大臣高仪和高拱，得到了皇帝和慈圣皇太后的信任，一跃而成了内阁首辅，并联合司礼监掌印太监冯保结成巩固的政治联盟。冯保是神宗朱翊钧小时候的玩伴，深得神宗的信任，称其为"大伴"。从此内阁与司礼监的关系变得牢不可破，这一方面为张居正的推行新法作了政治上的准备，具有积极的意义。但另一方面也带来了负面效应，就是内阁往往与司礼监沆瀣一气，进而排斥异己，贪赃枉法。十年之后张居正因操劳过度病故，"大伴"冯保亦被神宗罢黜，十八岁的神宗开始了真正的皇帝生涯，但他看到的只是朝臣之间为了各自的利益而互相攻击，这使得这位年轻的皇帝感到极端乏味。由于张居正死后不断被弹劾，其执政期间的种种枉法行为逐渐暴露出来，神宗感到异常失望。另外陪伴其一同长大的冯保也在私下里存在种种劣迹，神宗开始对任何人都不信任，加之因为立太子一事与群臣意见相左（神宗因宠爱郑贵妃，欲立她所生的皇三子为储，遭皇太后及廷臣反对，因而迟迟不愿册立东宫——皇太子。这一事件多年来成为内宫与外廷关注的焦点），便深居宫中沉迷酒色，不理朝政，多数奏折悉数交于司礼监和首辅批阅。朝臣对此更是怨声载道，屡屡劝诫，但神宗置若罔闻。皇帝与廷臣之间的矛盾在逐渐加深，这也间接导致了神宗对朝政的消极抵抗，进而多年不上朝堂。

张居正去世之后，首辅由张四维担任，张四维的接替者是申时行，之后为王锡爵。而张居正之后的历任首辅再也没有张居正时期的权力，同时也少了张居正的霸气，相应地，对皇上的规诫作用以及对朝廷政局的掌控都弱了许多。明朝的政治、经济、文化渐渐从中期的中兴局面开始变得止步不前（历史上以正统七年即公元1442年王振专权为标志，到万历十年即公元1582年张居正去世，视为明中期），而焦竑恰恰就在这样的背景下考中状元，开始了他的政治生涯。这一切似乎都在预示这位状元将会有一个凄惨的政治生命。

"金榜题名"对焦竑来说无疑是人生的重大事件，甚至他的师友及家乡父老都充满了喜悦。但对已经介于知天命之年的焦竑，多年屈居下僚，已无英发少年的狂喜和放纵，更多的是理智和沉潜。金榜题名之后，给焦竑带来更多慰藉的则是终于可以读书中秘，博览群书，"益讨习国朝典章"，并可以完成光耀家族的责任，实现其为"桑梓光"的志愿。故焦竑仍然保持低调，节俭如初。及第后有司寇李、温二人送给焦竑饷金若干，焦竑悉数送还。另外，京兆欲为其树立棹楔（纪念牌坊），焦竑谢绝，并建议用此费用"赈饥"；他的祖籍山东日照官员也想为其立牌坊，以表其功，焦竑也建议将费用改买"义田"，以造福乡里。

焦竑为官初期，当时的朝堂一片纷乱，上到皇帝本人下至普通官员几乎无暇顾及外政，当时的焦点只有一个，就是册立东宫太子一事。神宗在多方压力之下终于作出了让步，于万历二十一年冬下诏，同意皇长子在册立前先出阁讲学（实际册立太子是在七年之后）。这是群臣劝谏的一次胜利，而其中也不乏焦竑的一份功劳。焦竑曾作《恭请元子出阁讲学疏》，该文以委婉的口吻劝谏皇帝，最后从皇帝的角度考虑，认为元子出阁读书对皇帝和国家有诸多好处：

> 自此问安视膳，昕夕嗣举，可以慰皇上乐育之怀，益一；虚明之初，习与智长，可以时元子养正之功，益二；群寮济济，望清光，乐盛美，可以杜天下猜疑之端，益三。臣愚犬马之诚，为皇上计无逾与此，伏望断而行之，不胜幸甚！

次年春，皇长子朱常洛正式出阁，焦竑就是他的六位讲读老师之一。神宗对常洛出阁读书并不重视，讲官讲读完毕，不但取消了赏赐酒饭的通例，而且平时也绝没有笔墨、金钱等的赏赐。当时讲官之一刘曰宁曾对朱国桢调笑："我辈初做秀才时，馆谷每岁束脩不下五六十金，又受人非常供养。今为皇帝家馆师，岁刚得三十金，自食其食。每五鼓起身，步行数里，黎明讲书，备极劳苦。果然老秀才不及小秀才也。"但是焦竑还是感到任务重大，他的好友陶望龄也写信祝贺与鼓励，并说此项工作是"固今日之根本，启他日之太平"。

焦竑的授课方式是颇具启发性的。按照惯例，讲官讲课时可少提问，焦竑则在每次讲完后对常洛徐徐引导。据《明史·焦竑传》记载，焦竑希望皇长子能够勤思多问，常洛表示同意，但仍提不出问题。某日，焦竑又启发常洛质疑："殿下言不易发，得毋讳其误耶！解则有误，问复何误？古人不耻下问，愿以为法。"这种启发教学的方法渐渐发挥了作用，这位未来的太子终于开始独立思考。有一次，当焦竑讲到《尚书·舜典》的时候举"稽于众，舍己从人"令常洛解读，常洛迅速回答："稽者，考也。考集众思，然后舍己之短，从人之长。"由于焦竑的学术背景，他在教学中往往让常洛去考虑一些关于心性方面的问题，进而规避陈言。一次曾举"上帝降衷，若有恒性"为例，对常洛进行启发，皇长子答曰："此无他'天命之谓性'也。"可见焦竑独特的教学方法是很有成效的。

皇长子在焦竑等人的调教之下，学识、品行确实进步很大。皇长子的御案前有一对铜鹤，按照旧例叩头完毕后，朝臣要从铜鹤下转而东西向站立，一阁臣误出其上，常洛用目光示意内侍："将铜鹤可移近些！"虽不明言，意已默寓。众讲官无不叹服。有一天，讲"巧言乱德"章，讲官解释道："以是为非，以非为是。"然后进言常洛："请问殿下，何以谓之乱德？"常洛朗声答道："颠倒是非。"把讲官的话概括得更加贴切。

焦竑认为教育是关系到国家兴衰的重要工作，对太子及其内侍的教育更是如此。在焦竑看来亲自陪伴皇长子的时间毕竟有限，为了对其教育能起到长久的作用，他在当时的大学士陈于陛的授意下采古代圣贤故事编成一书，名曰《养正图解》。该书自"寝门事膳"到"借事纳忠"，共选取了古代具有代表性的明君、良相、孝子、忠臣以及时政、沿革、民间疾苦等方面典故、故事共六十个，分为文、行、忠、信四部。焦竑自己陈说编订此书的目的是：

> 独念皇长子罢讲以后，居多暇时，尺璧之阴，未宜虚掷。辄抒一得之愚，稍为缉熙之助。……庶几虚明之心，先入为主，典训所渐，不言而化，其于升高陟遐，未必无补。

进入清王朝后，此书又得到乾隆、嘉庆、光绪三位皇帝的青睐。该书每个故事先绘一图，后录原文，后又有对原文的剖析，通俗易懂。这件事原本是内阁首辅王锡爵在第一次召见皇长子诸讲官时交代的，不久，王锡爵离职，此事也就不了了之。但焦竑仍放在心上，故一经陈于陛再提，他即着手成事。由于共有六位学士共同担任皇长子的教师，其余几位是郭正域、唐抑所、袁宗道、萧云举、全元洲，所以焦竑的编书行为，受到了大学士张位和宫詹郭明龙等人的妒忌。郭明龙等人听说焦竑撰有此书就说："当众为之，奈何独出一手？"焦竑迫于压力，当时并未献出此书，直到万历二十五年（1597）才得以进献。

焦竑除了十分重视皇长子的教育之外，对内侍之臣的教化也是不遗余力的。在任上，曾奉命为宫中小太监讲学，焦竑认为："此曹他日在帝左右，安得忽之？"于是"取古阉人善恶，时与论说"。可以说焦竑由于饱读经史使其能以一种历史的眼光看待现实。历史上很多朝代确是断送于阉宦之手，明代场卫制度的出现，使得宦官的权力达到了历史上的顶峰。比如，导致"土木之变"的英宗时的王振、武宗时的"八虎"之首刘瑾、神宗时的"大伴"冯保。可见焦竑的这种担忧是十分有道理的，这种担忧在后来熹宗时期得到了印证，奸宦魏忠贤把持朝政，胡作非为，自此明代宦官乱政达到了顶峰，在一定程度上也促使了这个王朝的早亡。而焦竑的这种历史责任感和对历史的敏锐洞察力，足以让他胜任"翰林修撰"一职，并且由于其史才出众，很早就得到了首辅王锡爵和领詹事府詹事、礼部尚书陈于陛的赏识，邀请其共修"国史"。

就在焦竑任东宫讲读官的同一年，明廷正式开设史局，修撰明朝正史。在修史之初，鉴于焦竑的丰富学识，陈于陛建议让焦竑主持此事，但焦竑还是婉言谢绝了，仍任修撰。主修史部，总裁由王锡爵担任，陈于陛、沈一贯、刘虞夔为副总裁。此次修史成员共十九人。

然而让焦竑始料未及的是，修史团队却在四年的时间中迅速瓦解了。这有两个原因，首先是万历二十四年（1596）陈于陛的病故，不久，王锡爵也致仕回乡。史局从此无人负真正的领导之责，修史工作也缓慢地耽搁下来。其次是万历二十五年皇宫的皇极和中极两殿突然失火，而焦竑治史所在的明史馆正位于皇极殿的西庑，多数文稿付之一炬。大学士张位等人借机进谗，明史修撰工作从此结束。好在几年中焦竑积累了大量资料，而且从万历二十二年开设史局之初就着手编撰《经籍志》。后来由于该书是为编写"国史"所作的准备，故易名为《国史经籍志》。

除此之外，在史局期间焦竑还搜集了很多四海旧闻逸事，为以后编成一百二十卷本《国朝献征录》做了铺垫性工作。书中的多数材料应该也是为修国史而作的准备。焦竑在罢官以后对其陆续修改增订，使其材料更加丰富，保存了许多有价值的碑铭、行状、别传等原始材料，在很大程度上可以与后来的官修正史相互参校。总之焦竑的这两部史书不但显示了他丰厚的学识，而且也对后人裨益良多。

焦竑治史的认真态度和对待历史的客观精神是与他耿介的性格相关的，而这种性格在某种程度上遭到了同僚的憎恶。据

《金陵通传》卷十九《焦竑传》记载，焦竑"既负众望，性复疏直，时事看不可，辄形言论，政府亦恶之"。在《明史·焦竑传》中同样有这段文字，但在其后还有一句"张位尤甚"。事实也确如《明史》所载，张位和郭明龙等人一直对焦竑非常妒忌，除了"文人相轻"的因素之外，还有两个原因。首先，焦竑性格耿介，未免时露锋芒，比如，焦竑的很多指陈时事的奏章往往一针见血地指摘时弊，这势必会引起许多既得利益者的不满。一个耿介之士，又如此博学，自然会成为众矢之的。大学士张位由于自己不是修史成员而耿耿于怀，焦竑又恰恰资历很浅却能位列其中，张位自然十分不满。第二个原因是，焦竑做皇长子讲读官期间，由于教学得法且独立编成《养正图解》一书，这引起了同为讲读官的宫詹郭明龙的极大不满。而张位与郭明龙又同为一丘之貉，所以两人很快达成默契，欲驱逐焦竑而后快。

　　事件的导火索是顺天府乡试。这是焦竑第二次出任考官。第一次是在万历二十年（1592），当时的主考官是陈于陛，焦竑任分房考官，此科举人有陈懿典（后来成了焦竑的得意门生）、袁宏道、沈孟威等人。相隔五年，即万历二十五年焦竑第二次出任考官。此次焦竑为副主考官，主考官是全天叙，分试官为何崇业和陈懿典。由于之前屡困公车，所以焦竑对考试相当重视，其基本指导思想是重视真才实学。通过两次出任考官，他感到国家人才济济，在阅卷过程中不由得惊叹道："技盖至此乎？"为国家有充分的人才储备高兴不已。而针对国家的实际情况，在"华"与"实"的问题上，他更重视"实"。因为在他看来为国选材重在实用，不能简单凭文章的文采而武断地作出决定。他说："实有余者，难在身（自己），而利归于国；实不足者，难在国，而利归于身。士至于利归于其身也，世何赖哉？"事实上，科举考试的宗旨正是选拔可以治国安邦的良臣，而不仅仅是选择有天赋的文人，所以焦竑的思想是正确的，从中不难看出焦竑本人的治学宗旨。

焦竑即便如此一心为国，并以"吾不负天下之士"为己任，然而欲加之罪何患无辞。焦竑在审查试卷时是相当认真的，对每份试卷必反复审阅，唯恐有所疏漏误人终身。明代著名科学家徐光启的试卷便是焦竑从三场废卷之中发现的，当看到徐氏的试卷时，他不禁惊呼"此名世大儒无疑也"，遂拔置第一。徐光启的经历与焦竑相似，二十岁即中秀才，但后来屡试不第。此次考试的题目是"舜居深山之中"，光启以儒释合流的心性之学对题目进行阐发，这与焦竑的主张是相合的，所以焦竑将其推举为第一名。然而尽管如此认真，张位、郭明龙等人还是借机生事。准备先由给事中项应祥、曹大咸发难，然后群起而攻之，这是明代朝堂上互相倾轧的惯用手法，即先由一个下层官员"忠言直谏"，然后煽动舆论，一旦舆论既成，几位高层官员便联合进言加以弹劾。

其实，焦竑在被点中任副主考之时，项、曹等人便开始造势，待考试结束，便指摘焦竑收受曹蕃、汪泗论的贿赂，徇私枉法。对此，焦竑给以有力的驳斥，在给神宗的奏折《谨述科场始末乞赐查勘以明心迹疏》中，不但语言情真意切，而且有理有据有节。

焦竑本以为皇上会为其主持公道，尽管奏疏中是非分外明晰，但神宗没有过多理睬，最终焦竑因此事被贬为福建福宁州同知。对此，焦竑相当气愤，认为皇帝在自己的臣子被群小排挤之时"竟泯泯焉同于穷乡编户冤抑不伸者，窃为明时耻之"。除了对皇帝失望之外，焦竑也真正感受到了世态炎凉。虽然很多人都知道焦竑的冤屈，甚至行道之人都为之鸣不平，但官员中竟只有黄云蛟等少数几人敢于直言其冤。另有些人则趁机落井下石，奴颜媚上。其中焦竑的同乡杨廷兰就是其中之一，甚至当张位罢相之后仍然对焦竑不遗余力地攻击。两人同乡相交多年，尚且如此重利轻义，不由得焦竑悲叹道："世无复有君子者矣！"

万历二十六年（1598）春，焦竑携家眷乘舟离开北京，往福建福宁州赴任，别无他物，仅有书籍两船。与七十二岁的李贽（万历二十五年秋来到北京，寄居西山极乐寺）同舟沿大运河南下，途经河北、山东等地，六月到达南京，居城内北门桥。家中仍存有一园，名为"澹园"。其间焦竑经常与时任南京吏部右侍郎杨起元论道于李贽居所永庆寺。十月，焦竑赴福宁州任所，不想到任不久正赶上官员考核，被认为为官"浮躁"，而被降级降薪。焦竑不堪其辱，于是毅然辞官归里，从此不再出仕。

统观焦竑为官经历，整体基调是悲凉的。在官场的尔虞我诈中，焦竑没有体会到过多的快乐。从万历十七年考中状元到万历二十七年致仕归乡，焦竑整整在官场度过了十个春秋，从开始的充满政治抱负到对朝堂的失望，十载宦海浮沉也使他的心态变得更加平和。

第 4 章

"持志守静" 的人生态度

　　焦竑生命的后二十年是在"持志守静"中度过的。经过少年时代的昂扬和宦海沉浮的悲凉，焦竑晚年的心态不免有些矛盾：一方面仍对十年的宦海生涯耿耿于怀，尤其在七十岁之前；另一方面又觉得脱离官场是一种解脱，可以有大量时间钻研学术、交友问学，这种心态在七十岁之后表现得较为明显。处于矛盾心态中的焦竑，既不改其"志"，渴望经世致用，又如古代隐士一样，以"静"养身。焦竑的这种心态其实是儒释道思想共同作用的结果。他在《赠别》中曾表现了与陶渊明《归园田居》相似的隐逸情怀。"悠悠怀往路，遥遥指故林""往还余十载，倏忽如梦寐""迷途愿有济，一别永相望"，这种感情就与陶渊明"误落尘网中，一去三十年"如出一辙。还有一首直接与陶渊明唱和的诗，也题为《赠别》，十分明显地表现了自己从官场、俗事的束缚中解脱出来的闲静心态：

> 一落世网中，去家八九年。
>
> 归来齿发凋，顾影凄自怜。
>
> 人生无百岁，况乃多忧煎。
>
> 违己讵非迷，负此区中缘。
>
> 抱瓮差自适，摊书聊息肩。
>
> 矫矫巢居子，千古称高贤。

另外，焦竑晚年在学术方面也是矢志不渝的。较典型的例子是他与意大利传教士利玛窦的交往。利玛窦曾三次到过焦竑的家乡，大约有两年的时间住在南京，并非常喜欢这里。他在《利玛窦中国札记》中称这里"气候温和，土地肥沃"，百姓"精神愉快""彬彬有礼，谈吐文雅"。当然，利玛窦的目的是为了向古老的中国宣扬天主的伟大。他试图将天主教的教义融入儒家学说之中，进而达到传教的目的，而对于一个外国人来说，要想得到本地人的信任是非常困难的，于是他采取的策略是身着儒服，并有意识地结交影响力较大的儒学名士。在南京的学术界，利玛窦选择的对象首先是李贽和焦竑。但两人对待利氏的态度却有些不同，这可以在利玛窦对他们一次聚会的回忆中看到这种区别。当时已放弃官职削发为僧的李贽正住在焦竑家中，他与焦竑的固执不同，在利玛窦看来他是相信"基督之道是唯一真正的生命之道"的。事实上也确如利玛窦所言，李贽的确对利玛窦及其所传之教抱有相当的好感，因此他说："……利西泰（利玛窦），西泰，大西域人也……住南海、肇庆几二十载，凡我国书籍无不读，请先辈与订音释，请明于四书理者解其大义。又请明于六经疏义者通其解说。今能尽言我此间之言，作此间之文字，行此间之礼仪，是一极标致人也。终极玲珑，外极朴实。数十人群聚喧杂，仇对各得，傍不得以其间斗之使乱。我所见人，未有其比。"与李贽相似，焦竑的学生徐光启为利玛窦从西方带来的自然科学知识深深折服，其《农政全书》便是受到利氏较大影响的科学成果。

与李贽和徐光启不同，焦竑对利玛窦的宣传并不十分感兴趣。对于焦竑来说，他信奉"以西来之意密证六经，以东鲁之矩收摄二释"，儒释道三教融合思想已经根深蒂固地存在于其思想之中。所以利氏对待焦竑的态度也不是十分尊敬的，在他的回忆中描述焦竑时用了"被罢免官职，闲居在家，养尊处优"这样的字眼，而且称焦竑为"三教领袖"，这也多少带有些贬义的成分。从中一方面可以看出焦竑的确在当时社会中具有较高的声誉，故晚年成了所谓的"三教领袖"；另一方面亦可看出焦竑是具有较强的学术操守的，始终不改其志。

在"持志守静"总体精神之下，焦竑归隐之后二十年间的主要活动可以概括为三类：著书、钻研心学、讲学。焦竑归乡之后，住在南京北门桥，过着闲适的生活，经常与南京名士交往唱和。因为焦竑为官之前，在这里生活了近五十年，所以师友众多，其中包括他的座师王弘海和好友施益臣、杨起元等人，并时常有旧友路过金陵，如李贽、黄吉士、袁宏道、陈第等，与旧友的每次相聚焦竑都十分高兴。另外，南京独特的自然风光、深厚的文化底蕴都使焦竑感到了久违的快乐，心境和身体状况自然也好了许多，甚至在七十岁时仍健壮异常。

晚年的焦竑将大部分时间都放在上述三类活动中，对于再次出仕则不再有兴趣。当焦竑七十岁时，他引以为豪的那位学生——皇长子朱常洛终于正位东宫，成了名正言顺的皇太子，任命焦竑为南京国子监司业。对于这种迟来的认可，焦竑则表现得很淡然，并未出仕。他在给友人的信中说道："仆齿发半凋，世念都近。"不愿再卑躬屈膝地为官场上的年少官员所驱使，也不愿再卷入形形色色的政治斗争之中，只希望"安心岩栖，力耕课读"。之所以会如此，很大程度上取决于焦竑此时的心态。对于历经沧桑已是古稀之年的焦竑来说，一方面他已经习惯于田园生活的云淡风轻；另一方面身边亲友的一一故去，使他更珍重生命，也开始更深刻地理解生活。在乡居的二十年里，他师友中潘士藻、袁宗道、李贽、管志道、陶望龄、王锡爵等人相继故去，而对这位老人影响最大的莫过于他的第二任妻子赵安人和两个儿子焦周、焦尊生也都离他而去，这种晚年失妻、丧子之痛对焦竑的打击是十分巨大的。此后，焦竑的亲人就只有三子焦润生一人了，但后来润生又远戍淮南，焦竑对之十分牵挂，同时又不免有一种老无所依的悲凉情绪，只有借助诗词表达对爱子的关怀："青灯永夜愁难尽，华发逢春梦独遥。知尔淮南多桂树，幽魂欲赴小山招。"

焦竑在亦豪亦隐、亦欢亦悲的复杂情绪笼罩之下，晚年始终坚持著书和编撰、刊刻工作。据李剑雄先生考证，万历二十七年，他与李贽一起进行过《易因》的删定工作；万历三十年，与陈第讨论《古诗无叶音》的问题；万历三十一年，他刻印了《陶靖节先生集》，并撰写了序文；万历三十四年，编成《澹园集》正编四十九卷，刻印于扬州，《焦氏笔乘》正续刻成；万历三十九年，《澹园续集》编成，刻于当涂；万历四十二年，编辑《张横浦（载）先生文集》，刻于新安；万历四十四年，编辑并刻印研究明史的重要史料《国朝献征录》一百二十卷；万历四十五年，编辑并刻印《升庵外集》一百卷；万历四十六年，所著《玉堂丛语》刻成，并为李贽的《续焚书》作序。在这时期，焦竑写作的各种序跋、论文、志状、诗词等作品就更多了。《澹园集》中只收载了他的一部分作品，还有许多散见于他书，或者散佚了。

焦竑晚年的第二类活动是钻研心学。对于焦竑来说"三教融通"是其思想的核心。而在三教中儒家与道家思想在中国文人思想中已经根深蒂固，只有发源于印度的佛教思想自汉代传入中土以来，与中国社会始终处于一种若即若离的状态，不断被倡导（如汉代和唐代）又不断被排斥（如宋代），所以明代心学的很重要任务就是处理好与佛教的关系。从陆九渊心学发展起来的明代阳明心学注重"心"的作用，主张以"无善无恶心之体，有善有恶意之动，知善知恶是良知，为善去恶是格物"为基础的"致良知"和"知行合一"思想。而作为阳明心学之分支的泰州学派，则更进一步提出"百姓日用即为道"

的观点，这与佛家的"顿悟"功夫十分相近，故有人称之为"狂禅"。在焦竑的几位老师之中，耿定向、罗汝芳、王襞都是泰州学派的代表人物，焦竑受他们的影响非常深。所以这也使得焦竑对佛教抱有极大的好感。

到明代，佛教基本处于停滞状态，佛教各宗派除了禅宗和净土宗之外，基本上已是徒有虚名。明太祖朱元璋虽然在参加起义军之前曾做过和尚（十七岁时在今安徽凤阳皇觉寺出家），对佛教有一定的感情，但作为帝王，他对佛教的倡导更多是出于政治原因。这种政治原因无外乎用佛教思想纯化民众头脑，进而达到安定社会的目的，其基本政策是维护利用而又严加控制和整顿，这种政策可以视为有明一代的整体宗教政策。而到了明神宗万历时期，佛教出现了短暂的复兴气象，此时佛教宗匠辈出。影响最大的有云栖袾宏（1535~1615）、紫柏真可（1543~1603）、憨山德清（1546~1623）、藕益智旭（1599~1655），后被称为明末四大高僧。其中憨山德清就是焦竑的好友，在南京乡居期间焦竑经常与德清大师一同游历，两人不时谈佛论道，互相启发。

晚年归乡之后的大量闲适时间，焦竑更是钟情于游历寺院，与释者论道。万历二十九年（1601）仲夏，居士吴彬于栖霞寺塑成五百罗汉像，焦竑重返该寺，观之甚喜，遂作《栖霞寺五百阿罗汉记》，并"与禅师然定忘言契道"。而且焦竑经常往栖霞寺小住，自称"余自罢归，累憩于斯"。统观焦竑各个时期的诗文，其铭记、歌咏寺庙和佛像的作品占有相当大的比重，足见焦竑对佛教的钟情程度，这种钟情为其吸收晚明佛教之"三教融通"思想打下了坚实的基础。

在一些明代佛教典籍中，通常将焦竑归为"居士"一类。明末居士有两大类型：一类是亲近出家的高僧而且重视实际修行的，另一类则信仰佛法、研究经教却未必追随出家僧侣修行的读书人。第二类型的居士，大抵与阳明学派有关，所谓左派的阳明学者，便是理学家中的佛教徒，而且这一批居士对明末佛教的振兴，有其不可磨灭的功劳。焦竑无疑是属于后者，在晚年，经常与焦竑从游的僧徒有憨山德清、鲁庵、愚庵、然定、天界觉丈人等。其间焦竑更是有大量佛教著作问世，如《楞严经精解评林》《楞伽经精解评林》《法华经精解评林》《圆觉经精解评林》等。这些著作中焦竑的大量注释评述，为晚明佛教经典的通俗化、大众化作出了贡献，具有重要的史料价值。

焦竑晚年的第三类重要活动是游历讲学。明代尤其是在晚明时期讲学风气十分盛行，著名学者如耿定向、王襞、罗汝芳等人经常应各地书院之请到访讲学。当时学者所讲的内容多与心学有关，这与早期王阳明、湛若水等心学大师及其门人大力兴办书院有关。心学学者往往以书院作为发展与传播思想的阵地，因此当时书院的心学化趋势比较明显。讲学可以只面对书院学生，亦可以面向社会公众，而著名学者的讲学往往会吸引很多听众前来，所以当时最普遍的讲学形式是开放式的，从而表现出讲会与书院相结合的新特点。

讲学活动的盛行是与当时书院的繁荣息息相关的。明代初年官学对私学的打压到英宗正统年间（1436～1449）得到了扭转，而到明中叶的正德（1506～1521）、嘉靖（1522～1566）时，明代书院发展则进入鼎盛时期。据统计，正德、嘉靖两朝修复、重建前代书院七十四所，新建书院六百七十二所，总计七百四十六所。明后期，很多心学学者研究和讲学的深入，使得一些言论显得十分尖锐，学者的行为也过于我行我素，这在很大程度上导致了张居正于万历七年（1579）毁废书院的极端政策。但即便如此，由于之前的大力发展，明代的书院活动还是相当活跃的。可以说，明中后期书院的繁荣，很大程度上催化了学术活动的勃兴。

在这种大的时代背景下，焦竑在乡居的二十年中经常进行讲学活动，其中最著名的有三次。这些讲会在客观上达到了两种效果：一是焦竑通过这些讲会将自己理解的阳明心学思想（主要是三教会通思想）付诸实践，宣传并影响各地的学生，从而使自己的学术思想得到发扬；二是焦竑通过这些讲会使自己的思想得以进一步深化和系统化。尤其是其最重要的三次讲会的言论、思想都被门人记录了下来，使得他的心学思想更具体系性。另外，由于明中后期的书院讲学形式越来越走向平民化，所以很多隐士、百姓和僧侣都可以在书院讲会中听教，这也对焦竑思想的传播起到了推动作用。

第一次重要讲学是万历三十年（1602）在其老师耿定向的祠堂崇正堂进行的。当年耿定向曾在金陵居住数十载，很多主要学术成就都完成于此，而且门生众多，影响极大。耿定向在居金陵期间倡导"崇正学、迪正道"，选拔十四乡才俊集体论学，其中焦竑担任学长。当耿定向故去之后，焦竑等学生为了纪念老师，最初便在焦竑的小园"退园"供奉耿定向的画像，并经常祭祀。后来经祝世禄等人倡导，集全体耿门弟子及同乡之力"为讲堂三楹"，改祀定向于其中，名为"崇正堂"，即建在当年耿定向筹建的清凉山崇正书院内。该祠堂始建于万历二十九年八月，建成于第二年的二月。祠堂有两个用途，第一是悼念祭祀耿定向，第二是为前来讲学的学者提供住宿。

焦竑在该祠堂落成之后便进行了一次讲学，讲学内容被门人许吴儒、马逢旸等人整理成《崇正堂答问》，后收入《澹园集》中。考察各个时期的刻本均未见其明确日期，但此次讲学发生于崇正堂落成同一年的可能性较大。原因有三：第一，通常情况下祠堂落成之时要举行一定的庆祝活动，主要活动当然应该是讲学。而崇正堂主要的承建者是耿定向在金陵的众多门生，这些门生之中焦竑又是理所当然的"学长"，所以在落成时的讲学活动中，焦竑参与其中甚至充当首讲的可能性是非常大的。第二，祠堂落成之时的庆祝活动中，讲学者的主要思想也应该与祠堂主人的思想有相似之处，或者是对其思想的进一步深化。反观《崇正堂答问》，其核心思想带有明显的心学色彩，尝言"此寻常闲语，无不是道""以至穿衣吃饭，举手投足，无非此心"，这种主张明显是与王艮"百姓日用即为道"之思想相接近的，而焦竑的老师耿定向对王艮的这种思想是十分认可的，尝言"道之不与愚夫妇知能，不可以对造化通民物者，不可以为道"，又云"天下道理，无论六经诸之奥旨微言，只此百姓日用之常"。统观《崇正堂答问》通篇尚有许多观点与耿定向思想相一致。由此可知，《崇正堂答问》已经具备了在崇正堂建成之时产生的理论前提。第三，如李剑雄在《焦竑评传》中所言，在《崇正堂答问》中焦竑有很多怀念耿定向的语言，如学生有问"学须有宗旨"的问题，焦竑即答："向来论学都无头脑。吾师耿先生至金陵，首倡识仁之宗……吾辈至今稍知向方者，皆吾师之功也。"由此可见，焦竑带有明显阐发和褒奖其师思想的意味，当为断定该文产生于祠堂初成之时的又一证据。

第二次讲学是万历三十一年（1603）秋在古城新安（今属安徽）进行的。新安一直以来的学术风气相当浓厚，讲席不断，每年几乎都要邀请当时的"耆儒巨公"到这里进行讲学活动，其中包括湛若水、王襞等著名学者。新安学者都十分仰慕焦竑，此年焦竑便是接到新安官员和学者的共同邀请，与门人谢与栋前往讲学的。焦竑一行于十月九日到达还古书院。还古书院位于休宁县万鞍山，依山叠石而建，前后共五层，周围环境优美，创建于万历二十年，创办人是王门弟子。当时的县令正是王学弟子祝世禄。该书院宗王阳明心学，只祀孔子，后逐渐成为王学讲会中心。明代从万历到崇祯二十余年间曾七次举行新安讲学大会，都在此书院进行。

焦竑到达后"自荐绅先生以至儿童牧竖四方之人"咸来附会。讲学气氛十分热烈，据谢与栋回忆，当时的听众"两千有奇"。焦竑在此主持讲会七天左右。此时焦竑精神矍铄，应对问题从容自如，"随机指示，言简意尽"，充分表现出心学大家的风范，这也表明焦竑的思想越来越走向精纯。焦竑时年六十四岁。此次讲学的重点是围绕性情关系、下学与上达之关系、如何识得"真心"以及儒释道关系等方面的问题展开的，讲学内容由焦竑门人谢与栋辑录下来，名为《古城答问》，三年之后被编刻出版。

第三次讲学是万历三十四年（1606）在著名心学学者罗汝芳的祠堂进行的。据杨复所的门人佘永宁回忆，新安之会的众多学者，此年又会于金陵罗汝芳的祠堂，此时六十七岁的焦竑精神焕发，大发宏论，听讲者"欢喜踊跃"，"唯恐其言之尽也"。事实上，当年罗汝芳对焦竑是寄予厚望的。罗汝芳曾在焦竑十一岁时初到金陵讲学。焦竑在四十七岁时正式入学罗门，罗汝芳对他相当重视，认为焦竑日后必能"弘斯道也"。焦竑入罗门两年之后即万历十六年罗汝芳去世，时七十四岁。在此之后，焦竑一直以"弘道"为己任。可以说在焦竑的几位老师之中，罗汝芳对他的影响极大，某种程度上甚至超过了对焦竑帮助最大的恩师耿定向。焦竑后来的学术取向也与罗汝芳更为接近。

此次讲学，一方面既可以说是应众学者之邀的一次雅集，亦可以理解为是对罗汝芳的一次祭奠，是一次身体力行的"弘道"行为。所以焦竑虽然刚刚大病初愈，却仍能精神饱满地主持讲席。此次焦竑讲学的内容除了继续围绕心与性关系，儒与道、释关系进行探讨之外，还要求心学学者要有担当，"立圣人之志"以求"明明德于天下";同时也讽刺世间俗儒限于门户之见,而闭门造车终成井底之蛙的狭隘斥佛行为。后来此次讲学的内容经学者及门人回忆,由佘永宁辑成《明德堂答问》,并于同年编刻出版。同年十二月,焦竑文集《澹园集》正式刊行。《澹园续集》则在万历三十九年刻成。

至此,焦竑晚年的主要活动已告一段落。这段时间焦竑既没有少年时期光耀门楣的压力,也少了官场上的尔虞我诈,有的只是历经沧桑之后的豁达,以及对国家和学术的壮志,但表现的形式却是沉潜的,一切都在"静"中体会。随着命运的无情轮回,焦竑晚年尤其是在万历三十七年皇太子正位东宫,任命他为南京国子监司业之后,他虽然辞谢而未履职,但在精神上却获得了一种平反。所以他更显得十分从容而无争,其人生境界也开始进一步从外向内转移,对精神领域的满足愈发重视。这种趋势可以在其诗《题梅花坞老圃壁上》感受到:

壮岁飞蓬过,浮名春梦空。
惟余看花性,还与少年同。

这首诗对"壮岁"和"浮名"带有一种明显的反思意味,飞蓬、春梦已成空,表明很多身外之物只是一种幻象。如果说宋代苏轼几经磨难之后在赤壁之下的明月、江水、清风中找到了人生永恒价值的话,那么焦竑则在对眼前鲜花的关照中悟得了人生的真谛。此时焦竑的处世哲学是"万事成一笑,不用苦思量"。

事实上,晚年的焦竑在日常生活中也并不孤单,不但平时老友旧交往来频繁,而且每逢其生日之时,更是门庭若市。袁宏道、陈懿典、吴从先、顾起元、邹元标等人在焦竑六十岁和七十岁大寿之时或亲自前来道贺或作诗文以示牵挂,在某种程度上充实了这位沧桑老人的内心世界。在焦竑去世的前一夜,来为其祝贺八十大寿的有很多人,使他能在愉快中度过自己的最后时刻。据其友黄汝亨称，焦竑是在万历四十七年（1619）十一月其八十岁生日的第二天故去的。生日当天四方学者前来为之祝寿，焦竑更是十分高兴，当晚没有任何异样，而且还与众人喝了一些酒，第二天一早便故去了，死得非常安详，"洒然于始终去来之际，何其顺化也"。

焦竑去世后，在当时的反响是十分巨大的。各地学者以及焦竑生前的好友、门生都十分悲痛，黄汝亨则"闻讣泣下，废寝卧，累日夕"。至此，焦竑走完了他漫长的人生旅途。其一生对后人影响最大的应该是他耿介不屈的性格和丰富的学术成就，徐光启说："吾师澹园先生，粤自早岁，则以道德经术标表海内，巨儒宿学，北面人宗。余言绪论，流传人间，无不视为冠冕舟航矣。"可以说，焦竑一生是坎坷的，而他在学术和道德上是始终一往直前的。

第 5 章

师承名门，融会贯通

　　焦竑后来之所以成为明代著名的思想家，除了其自身聪明颖慧、勤奋刻苦之外，更重要的是焦竑遇到了几位对其影响很大的著名学者，并有幸能够拜在他们门下接受系统的思想熏陶。这对焦竑以后学术兴趣和人生观的形成起到了重要作用。这些学者包括沈启元、王铣、耿定向、史桂芳、王襞、罗汝芳等人。而心学学者耿定向、王襞和罗汝芳对焦竑影响尤其大。另外也不能不提到著名学者杨慎，虽然焦竑从未拜入杨门，甚至与杨慎从未谋面，但焦竑对杨慎的人品和学识十分青睐，终身致力于搜集整理杨慎的文集，并编成《升庵外集》一百卷，焦竑之考据学、史学和音韵学思想受杨慎的影响颇深。至此，焦竑的学术和思想渊源就较为清晰了：第一，其心学/哲学思想主要来自以耿定向为代表的泰州学派，在根本上源于阳明心学。据黄宗羲《明儒学案》之《泰州学案》，以及台湾学者施锡美在《焦竑〈庄子翼〉研究》中的梳理可知，焦竑的思想渊源如下：

$$
王阳明\to
\begin{cases}
\to 王龥\to 王襞 \\
\to 王艮\to 徐樾\to 颜钧\to 罗汝芳 \\
\to 耿定向
\end{cases}
\to 焦竑
$$

第二，其考据学、史学和音韵学思想源于杨慎。因此本节将着重介绍耿定向、王襞、罗汝芳以及杨慎与焦竑的交往及对其的影响。

焦竑与耿定向

耿定向是焦竑一生之中接触最多也是关系最密切的一位恩师。师生二人终生都有书信往来，耿定向更是对他倍加欣赏，并努力提拔。每逢焦竑有所成绩则欣喜异常，乃至当听到焦竑金榜题名时竟然"不寐者终夕"，爱徒之心可见一斑。同时，耿定向亦对焦竑较为尊重，亦师亦友，后来焦竑与他的学术兴趣有所差异，则多加劝诫，但决不强求。当焦竑走上仕途之后，他担心之余也多加勉励，"须一禀于道，通之天下万世"。

耿定向（1524~1596），字在伦，号天台，又号楚侗，湖北黄安人。耿定向是泰州学派的著名学者、教育家。为人清廉，不畏权贵，敢于直言，一生两袖清风。嘉靖四十三年（1564）任监察御史督学南京，建崇正书院，弘扬阳明良知之学，此时二十三岁的焦竑正式拜入耿定向门下。神宗朝，累官尚宝司少卿、太仆寺少卿、都察院右佥都御史等职。其与张居正的政治主张基本相同，仕途随张居正多有浮沉，万历十八年（1590）告老归乡。

根据现有资料可知，焦竑与耿定向虽为师徒，但由于各自事务缠身，所以一生之中真正在一起的机会并不多。只有耿定向初来南京任监察御史并纳焦竑于门下之后，两人相处五年，因耿定向回北京任职两人暂时分别。再度相聚是在隆庆二年（1568），耿定向因触忤权贵，弃官归黄安。这一年焦竑也同样是郁郁不得志。冬天，焦竑怀着沉重的心情同门人一起去拜谒闲居在家的耿定向，并居住于湖北黄安天台山的耿氏别墅，经常与耿氏兄弟切磋问题。直到第二年春天才与耿家兄弟感伤分别，分别时宾主双方都赋诗赠别，焦竑作《留别天台耿先生》，诗文后由耿定力编为《天台别定》。耿定向送了焦竑很长一段路，依依惜别之情溢于言表。第三次相聚是在万历二年（1574）春，耿定向奉命册封鲁王府，路过安徽沛县和淮阳，此时泰州著名学者王襞正与焦竑在一起，遂一同迎接耿定向于真州（今江苏仪征），共同商讨学术，数日乃别。分别时焦竑一直送定向至和州（今安徽和县）方归。

耿定向对焦竑寄予殷切希望，这包括在仕途上和在学术上两个方面。就第一方面来说，耿定向一直鼓励焦竑积极面对人生的挫折，努力争取功名，以起"为天下万世立心立命之身"，这种态度在当时的心学学者中间是不多见的。就第二方面来说，耿定向十分欣赏焦竑在学术方面的造诣。崇正书院建成后年仅二十七岁的焦竑就被他荐举为十四郡名士的学长，实属不易。而且师徒两人每有书信往来，必问及焦竑学业，且以心性之学督劝爱徒。

除了仕途和学术上的显性影响之外，耿定向耿介的性格也对焦竑有一定的影响。虽然历史上在耿定向不予施救著名心学学者何心隐等问题上对其颇有微词，但就整体来看耿定向仍然是以耿介为主。其与焦竑相似，都出身寒微，对下层民众多有同情。遇事耿介直言，早年曾斥责首辅严嵩"回护"亲信吴鹏、上疏弹劾司礼监太监张鲸；也曾力荐清官海瑞，并多加维护；后又因弹劾首辅高拱而被贬官；与张居正交好，积极肯定张居正推行的新法，但对张氏的禁止"讲学"和"毁天下书院"，导致"天下遂以学为诟病"明确表示了保留的态度。焦竑的性格与耿定向的性格是十分相似的，所以当焦竑刚刚踏入仕途的时候，耿定向是十分担心的，希望其能多闻、多做，这样可以远离危险。

耿定向继承了王艮一派的阳明学思想，但又有所区别。一方面他同意王艮对心与道关系的看法，认为心与道是同一的；但另一方面又反对王艮以及王畿空言心性的做法，认为"百姓日用即为道"，应该重视真正的"百姓日用"而不应该崇尚空谈，否则最终只会导致如李贽一样的"狂禅"，那样做往往是不切实际的，对人们也没有任何好处。他一再强调为学、为文要有平常之心，而不能只是凌空蹈虚地空言心性。总之，耿定向试图将阳明心学与孔孟务实之学加以整合，从而既可以维护儒家道统又不至于使阳明心学变成禅学，正如黄仁宇在《万历十五年》中所说，耿定向在竭力地探求一种既有形而上的根据，又能融合于日常生活的真理。

而焦竑对耿定向的这种学术倾向既有继承又有创新，主要继承了其师重视实学的一面，但又对佛教积极肯定，认为佛与儒是相通的，而耿定向早期则对佛学半信半疑，后来更是站在了反佛教的立场上。焦竑对佛教的肯定态度主要是受到了好友李贽的影响，而李贽与耿定向之间的关系又十分复杂，可以说焦竑在二人之间发挥了生活上和学术上中介的作用，兼容并蓄地融合了两个人的思想。

李贽与耿家三兄弟中的耿定理最早结识，时为隆庆六年（1572）秋，耿定理过金陵，在焦竑的引荐之下，与李贽订交，两人志趣相投，十分融洽。万历八年（1580）李贽在姚安辞官离任之后，来到湖北黄安，当时耿氏兄弟因父亲去世都在家守制。他们安排李贽住下，并充当门客和家庭教师。几年之后，耿定理病故，而此时耿氏三兄弟中的大哥耿定向也已经守制期满，返回北京了。几年的交往中，耿定向逐渐对李贽言行的放荡不羁感到不满，遂写信致家，唯恐李贽的言行对家中子侄产生不良影响。为此李贽于万历十三年春离开黄安耿家，前往麻城。这个事件成了导致两人决裂的导火线。

而真正的原因无外乎两点：其一，两人性格迥异，在思想上存在巨大差异。耿定向总体来说是以儒家思想为基础的心学学者，在某种程度上信奉经世致用的儒家行为规范，也对儒家几千年的伦理规范深信不疑，而且对佛教思想也不予肯定。李贽则恰恰相反，在性格上不拘一格，蔑视儒家伦理规范，甚至对历史上公认的暴君如秦始皇、贰臣如冯道等都加以肯定，也不遵守儒家男女之大防，随意同女眷来往，称"甘食""悦色"是人性的本真状态。因此，两人的思想存在根本性的差异，对此耿定向生怕爱徒焦竑受其影响，多次写信劝诫，在信中反复强调李贽等人之所以有如此言论，在于这些人只想着自己的观点能够惊世骇俗、"新奇高特"，以引起别人的注意，丝毫没有考虑到对社会的影响。显然这些人也根本就不曾有"为天下万世立心立命之身"的抱负。其二，在狂放不羁的李贽看来，耿定向是受儒家思想深深浸染而言行不一的小人，这是一种对人品、道德的否定。这源于万历七年泰州学派著名学者何心隐被杖杀于湖北黄安狱中一事。何心隐也是反对儒家道统的激进派，因反对张居正而被斥为"妖人"，后被诱捕，羁押于黄安。当时很多学者都把营救何的希望寄托于耿定向身上，但耿定向并未向张居正求情，结果何心隐遇害。据此，李贽对耿定向大加挞伐，说后者是只考虑自己不顾他人死活的自私自利之人，而且是平时满口仁义道德，关键时刻则言行不一的假道学家。正是以上两方面原因导致耿、李二人决裂，并进行了持续十载有余的论战。

对于焦竑来说，他的思想受两人的影响都很大。黄宗羲在《明儒学案》中称耿氏的思想特征为"中行"（即中庸），李氏为"狂狷"，对此焦竑很好地将两者协调统一，实现了两种思想的融合。这表现为在处理儒释道关系时焦竑就运用了"中行"的方法，把三教协调于一处，从而抛弃了其师思想层面的迂腐道学因素。对于耿定向来说正统的道学色彩相当浓重，这在与焦竑的通信中可以见到，他认为像《楞严经》这样的佛典中宣扬的思想，其实相当浅薄，就如同一个贫困很久的乞丐偶然之间闯入富人之家，见识到华服美食便惊叹不已，自以为是很重要的事，出来后便四处炫耀以为己荣。耿定向还认为佛家经常言"空"，但实际上并没能真正做到心空一切，看起来高深的理论与他们的实践往往是"两截"的。最为重要的是，佛家所宣扬的"性""情""空"等思想其实根本就是对孔孟思想的抄袭，本质上属于心学的范围，"此非梵学之妙，孔孟之妙，而吾心性之妙"。另外，在耿定向眼中夷夏之防的观念也相当之重，佛教属于舶来品，当然不能与本土的儒家思想相提并论。

焦竑对于其师的上述认识是不认同的。在他眼中儒佛之间的地位是平等的，并非耿定向所说的佛家浅薄而儒家高深，实质上都是对世界共同之"心""性"的阐释，并没有孰优孰劣之别，相反地，佛家思想在某种程度上恰可以充当儒家思想的一种注释，从这个意义上说，儒佛二家对"心""性"等问题的认识恰恰是"梵学之妙、孔学之妙也"。学者没有必要拘泥于儒释两家孰优孰劣的问题上，只要能够明心见性，那么称之为佛学可以，称之为孔孟之学亦无不可。

与此同时，焦竑也吸收了李贽思想的精髓部分，独立的精神和独立的思考。焦竑与李贽在"狂"这一点上是相似的。黄宗羲称李贽"狂狷"，用该词概括李贽的思想和行为极为恰当，"狂"是一种精神状态，"狷"则是一种遇事便发的激进行为。对于焦竑来说，他具有李贽之"狂"但摈弃其"狷"。耿定向在评价焦竑的诗时，称其"简且狂"，这既是对其诗词的评价更是对焦竑精神实质的认识：虽出身寒微，但不畏权贵，仕途险恶，洒然而归，此一狂；思想上不主故常，融通三教，"扫尽古人刍狗，辟取胸中乾坤"，此二狂；学术上独立不羁，首创"古无叶音"之说，且考据之学开明清"实学"之先河，此三狂。但焦竑这种"狂"的精神却不像李贽那样激烈，而是一种内在的精神气质，刚与柔很好地统一于一处。从这个意义上说，这又是一种"中行"的表现。其实虽然耿定向不是很赞成焦竑的思想，但却是很希望焦竑能够做到"狂"与"中行"的统一，在评价焦竑与杨起元各自特点的时候，说"淳（杨起元的字）也雅而淡，竑乎简且狂……淡勿入枯槁，狂更诣中行"。此处"入"与"诣"应是互文关系，两个字意义相同，耿定向此处的意思似乎更希望焦竑能够实现整体意义上的"中行"，但焦竑却辩证地处理了两者的关系，进而使自己的思想更为独立也更为平易。

另外，焦竑在思想方法上的"中行"也使他能够既继承耿定向的下学功夫，又能吸收李贽的上达功夫。所谓"下学"是指重视实在的知识积累即"实学"；"上达"是指类似于禅家的体悟功夫。焦竑认为为学一方面不要只拘泥于"雕虫篆刻之间"，那样做往往是死读书，精疲力竭而无收获；另一方面也不要只是空谈心性"束阁而不观"，那样将使自己变得空疏。认为真正的学者要以"经世"为己任，而经世的前提是要博通古今，所以焦竑既重视对"心"和"性"的体悟，同时也十分重视实践的作用。正因为这样，他对当时的一些不能做到"下学"与"上达"相统一的学者就十分鄙夷，说"近世学者，敢为高论而或疏于彝伦，喜求空谈而不求诸实践"。有的学者认为，焦竑的思想代表了学术思想由晚明心性之学向清初考据之学的过渡，所以在他的思想中便同时出现了心学和实学的倾向。他虽然受阳明学说的熏陶而成长，也是阳明学说的信徒，但他开始察觉到王学发展的日趋偏歪，所以他提出"博学"

"实践"，希望对王学末流之弊加以纠正。

综上，焦竑深受耿定向思想的影响，并很好地发挥了耿定向思想与李贽思想之间的调节者的作用，应该说这是一种思想发展的必然。耿、李片面而深刻的思想虽具有局部启示性意义，但最终会在合理性上稍逊一筹。焦竑在融合"狂"与"中行"的过程中，实现了精神与方法、下学与上达、实学与空疏的结合，不但继承了程朱理学的合理内核，纠正了泰州学派的空疏学风，而且对清代学术的发展也起到了不可磨灭的作用。

焦竑与王襞

泰州学派著名学者王襞是对焦竑影响较大的另一位老师。王襞与焦竑在一起的时间比耿定向与焦竑在一起的时间更少。根据现有史料，焦竑与王襞也不过只有两次接触，第一次是在嘉靖四十四年（1565），时焦竑二十六岁，又一次落第归乡，不久，王襞与他的老师王畿就来到南京进行讲学活动。此时耿定向正好也在南京任监察御史，遂带焦竑一同拜谒了二王。耿定向对王襞十分欣赏，"大赏其言，定为石交"，而焦竑也借此机会向王襞请教学术，对王襞非常佩服。这也更加坚定了焦竑投身性命之学的决心。待王襞走后，焦竑从此开始亲自进行讲学活动，以向乡人宣扬性命之学和孔孟之道为己任。

焦竑与王襞的第二次接触是在万历二年（1574），时隔九年之后王襞再次来到南京。这时王襞的名气更大了，四方学者都来听讲，场面十分壮观，以至"连榻累旬"。焦竑亦参加了这次讲会，"受益为深"。此次焦竑与王襞正式确立了师生关系，并陪同王襞一起往真州（今江苏仪征）探望焦竑的恩师耿定向。三人一同商讨学问，数日乃别。

王襞（1511～1587），字宗顺，号东崖，是著名心学学者王艮的第二子。曾以著名学者王畿和钱德洪为师，相从二人学习阳明心学二十多年，三十岁时开始授徒讲学，终身未参加科举考试。王襞为人正直，注重礼仪规范，对待师友、长辈毕恭毕敬，即使在临终时仍然不许妇女入内，坚持给子弟亲友讲学，丝毫不涉及私事。

焦竑对王襞十分尊重，对他的评价极高。在一首五言诗《赠王东崖先生》中这样褒奖王襞："君屈（崛）起东海，高论戛琳球。陈义狎六籍，浩气吞九牛。片言一指顾，四座皆回头。"这不但生动地表现了王襞的学识，也展示了当时王襞在学者中的地位。同题的古诗共有五首，其内容基本相同，大旨都是表现对王襞的景仰之情。另外，尚有一首七言律诗，题为《奉怀王东崖先生却寄》，最后一句为："何日关门来紫气，为余强著《五千言》。"包括容肇祖先生在内的多数学者都简单地认为这句诗表现了对王襞的景仰和尊重，这当然没有错，但其意义远非如此简单。这句诗恰恰表明了王襞对焦竑的深远影响。

王襞思想的一个重要方面就是钟情佛、道，往往将儒与道、释思想互相阐发。他利用禅宗"顿悟"的思想和道家的"自然"思想对下层群众进行启发，承认人的自然本能和天性，进而宣扬其"百姓日用即为道"的思想。阳明心学在佛与儒问题上一直较为敏感，这也是他们一直受到诟病的重要原因。到了王畿、王襞师徒这里则大胆地将道家的"自然"观引入思想体系之中。正是在这一点上焦竑受到了很大的启发，最终使焦竑可以在三教并立的角度上看待很多心学问题。而且焦竑自己也有很多与道家思想有关的著作。主要有《阴符经解》一卷、《老子翼》三卷、《庄子翼》八卷等数种。

然而，焦竑又并非对王襞的思想机械地吸收。王襞虽然将道家的"自然""致虚""守静"等观念引入心学，但也在某种程度上混淆了道家和道教的区别。这似乎是当时很多人的一个通病，甚至很多著名学者仍不能免俗。他们往往相信道教的"房中""炼丹"等方术，渴望长生不老。晚年的王襞就表现出厌世隐居、长生成仙的思想倾向，对神仙的存在深信不疑，曾说："人人都有一千龄，说着神仙慢有情，但得一杯花下酒，年年来此聚文星。莫问松龄与鹤龄，无穷此道是谁情，翻身自击洪濛破，吾作人间老寿星。""东崖昨游蓬莱山，一壶携取仙家酝，饮此大可驻朱颜，从今不遣老相近。"

从以上两首诗可以看出，在王襞思想中有浓重的长生不老、羽化成仙色彩，这也就使得他对道教的一些方术十分钟情。事实上，王襞的几个兄弟大都相信练气功、服丹药这类方术。王襞七十岁之后更是热衷气功，经常在诗中描写自己如何练功得法，身强体健。

焦竑是将道家与道教区别开来的，并将道教的一些迷信成分视为"异端"。在焦竑思想中，老庄思想同孔孟思想一样都是古圣先贤言行的记录，庄子与老子之间是一种承继关系，类似于孟子与孔子的关系。而焦竑面对的现实是，这种道家圣贤的优秀思想没有得到很好的发扬，以致很多俗儒不能参透道家学说的本质。久而久之，更是被一些道教"方士"所利用，在圣贤思想中掺杂很多"黄白男女之说"，并敷衍成书。这是学者的不幸，也是对道家思想的极大侮辱。

可见，焦竑那句"何日关门来紫气，为余强著《五千言》"并非空穴来风、信笔写来之语。它反映了焦竑对王襞思想的接受情况，事实上焦竑对道家思想的认同，是受到这位老师影响的。如果说耿定向以儒学正统影响焦竑，李贽以其狂放精神影响焦竑，那么王襞则在道家思想方面对焦竑影响更大一些。在接受王襞思想合理成分的同时，焦竑摈弃了老师对道教方术的融通，进一步厘清了道家与道教的界限。至此，如果对上面提到的焦竑写给王襞的《赠王东崖先生》五首、《奉怀王东崖先生却寄》加以重新审视，便会发现其实在这些诗里面充满了深沉的道家思想内涵。如"扁舟一朝去，邈然不可亲""明晦自有时，所贵善斟酌""世荣自耀熠，至道归冲虚""真阳伏兑气，纯白邻太虚"等等。

在焦竑眼中，王襞是一位言行一致的学者，不但在思想上有着浓重的道家思想成分，而且不事权贵，不恋虚名，以"明道觉人"为己任，这是当时那些"浅见寡闻"之徒无法比肩的。焦竑终生都对王襞十分尊敬，在王襞去世十九年之后，作《王东崖先生墓志铭》，怀念、伤痛之情溢于言表。

焦竑与罗汝芳

更进一步强固了焦竑对心学信仰的人，应该是罗汝芳。据现有材料来看，焦竑与罗汝芳也仅有一面之缘，时焦竑已经四十七岁，相见两年之后罗汝芳便去世了。但黄宗羲在《明儒学案》中称焦竑"师事耿天台、罗近溪"。《明史·焦竑传》也说焦竑先从耿定向学习，后来"复质疑于罗汝芳""讲学以罗汝芳为宗"。《明名臣言行录·焦竑传》同上述两书的记载如出一辙，称焦竑"以耿天台、罗近溪两先生为师"，并经常向两人请教古学。据此，焦竑师事罗汝芳应该有两种可能，第一是两人在这次见面之前就有过往来，但史书上并未记载；第二种可能是，焦竑虽在四十七岁之前未见过罗汝芳其人，但对他的思想十分了解并相当认同，所以受其影响较大，这是一种精神层面的师徒关系。笔者认为，后一种情况的可能性更大一些。

罗汝芳（1515~1588），字惟德，号近溪，江西南城人。曾就学颜钧，是泰州学派著名学者。历任太湖县知事，刑部主事，知宁国府、东昌府，云南屯田副使等职。因张居正不满其讲学活动，遂弹劾之，被罢官。之后，他的讲学活动反而更加活跃，足迹遍布各地。为人极具口才，他与王畿相比，有"龙溪笔胜舌，近溪舌胜笔"的雅誉。其讲学从内容到形式都表现出较明显的平民化色彩，目标是使普通百姓"愚夫愚妇"都能体会"道"，而且承认普通人的物质和生理欲望，具有很强的人本色彩。

嘉靖二十九年（1550），当时南京的讲学风气十分盛行，罗汝芳是年来此讲学，时焦竑十一岁，未有明确材料显示此次焦竑与罗汝芳相见并相识，但有一点是可以肯定的，就是这次讲学会对焦竑思想产生一定的影响。

万历十四年（1586）夏，罗汝芳又一次来到了南京，逗留一月有余。当时焦竑屡试不第，正居于南京。罗汝芳此次是与周思九结伴游学，经过南昌、两浙到了南京，之后，讲学于鸡鸣寺凭虚阁。很多学者如汤显祖、李登等人都来听讲。有时一次讲会要持续几天，而且"日会百计"，一段时间下来与会的人数就相当可观了，据杨复所记载人数"无虑千人"或"殆万人"。就在此次讲学期间，焦竑正式拜在罗汝芳门下，并对其师的思想十分推崇，称罗汝芳之学能"直指本心"，往往使听众豁然开朗，众人听过讲学之后都更加坚定了学习阳明心学的决心。

学界历来对罗汝芳思想的看法是"大而无统，博而未纯"。事实上，罗汝芳思想确是经历了由理学到心学，又由心学到类似于佛教的宗教意识的转变。所以黄宗羲在《明儒学案》中称其思想近于"祖师禅"，"祖师"是指中国禅宗的真正意义上的创始人六祖慧能，"祖师禅"是指慧能一派的禅宗。

对于焦竑来说，罗汝芳对他影响较大的主要是"取长弃短"的思想。这种思想源于罗汝芳对于佛教的态度，就是说罗汝芳虽然被人视为思想近于"祖师禅"，但他所吸收的也仅仅是禅宗的"顿悟"思想，而非照单全收。其实这也是罗汝芳一直以来的指导思想，他虽以儒家思想为旨归，但同时对道家、佛家思想都有所涉猎。而他的难能可贵之处在于能以一种"取长弃短"的心态加以利用。这就使得他的思想虽然驳杂，但仍存在最终的宗旨，即追求"良知本心"以及"赤子之心"。

为了不至于使子弟误入歧途，罗汝芳经常告诫他们不要多看禅书，认为一旦人们开始参禅并深陷其中，便会无法自拔，即使想要"转头出来"也是相当不容易的事。可以说，这恰恰是一种批判的继承态度，罗汝芳正是在这一点上给了焦竑很大的启发，或者说这种"取长弃短"思想对焦竑来说在方法论上的意义远大于追求"赤子之心"（罗汝芳的核心思想）的意义。

在"取长弃短"这一点上，焦竑与罗汝芳是极为相近的。焦竑远承阳明之学，但在很多方面却又不是亦步亦趋地原样照搬。比如在对待佛教的态度上，他就比早期的阳明学者更加明确，也比后期的阳明学者更为辩证。而"取长弃短"的前提是要具备广泛的知识，要有一种"博学"的胸怀，在此基础上进行加工改造。因此，焦竑对"博学"精神是十分推崇的，他较为认同孔子的"博学于文"的思想，认为只有广泛求学、存问才能择善而从之，这个过程其实就是思想的锻炼过程了。在明中后期的思想背景下，原有的价值观变得摇摇欲坠，而新的价值观尚未形成，其实这是一种最大的危险。解构之后人们面临的首要问题是如何去建构。焦竑似乎看到了这种深刻的社会、思想危机，并积极努力地"取长弃短"，为新学术体系的建构作出了重要贡献。

其实，罗汝芳的这种"取长弃短"的思想与耿定向所主张的"中行"思想如出一辙。只不过在具体实施过程中，耿定向显得更遵守儒家道统，而罗汝芳则更为透脱一些，对儒释道间而取之，并在此基础上寻求"赤子"一般的独立。焦竑则最大程度地继承了两人思想的合理成分，这也无怪乎《明史》《明儒学案》以及《明名臣言行录》等史书都一致认同耿定向和罗汝芳为焦竑的老师了。

罗汝芳去世后，焦竑相当悲痛，后于《罗杨二先生祠堂记》中对罗氏之学高度赞赏。之后，焦竑自己讲学也以罗氏之学为宗。为纪念近溪，他于万历三十三年（1605）秋，主罗汝芳祠（明德堂）讲学之会，讲学内容由学生佘永宁辑成《明德堂答问》。

焦竑与杨慎

如果说耿定向、王襞、罗汝芳在焦竑人生中扮演现实生活中老师角色的话，那么杨慎则应该属于焦竑精神层面的导师了。两人从未谋面，杨慎在云南去世之时，焦竑也才二十岁而已。焦竑对杨慎的景仰是一种完全自发的崇拜，也是一种潜在的精神领域的默契。两人在人生经历、思想倾向和学术观点等很多方面都是相似的，或者也可以理解为焦竑这个后辈受到了杨慎十分重要的影响。因此，笔者认为两人虽不是现实中的师生，但在精神层面上却是存在一种潜在的师承关系的。

焦竑一生致力于对杨慎著述的搜集、整理工作。焦竑自称"余购之（杨慎之书）数十载"，终于在焦竑去世前两年辑刻成《升庵外集》一百卷。顾起元在该书的序文中这样描述该书的成书过程："吾乡澹园先生……生平读其（升庵）书而好之，凡所为闳而不传者，广为搜辑……手自排缵，汇为内外二集。"焦竑还对很多当时流传的升庵作品集加以辨伪存真、删减合并，最终方编成该书。可以说，在众多的升庵作品集中，该文集无论在刊刻质量还是在学术史的价值上都堪称佼佼者。所以顾起元说："有澹园先生而升庵先生名愈彰。"对杨慎文章历时十余年的辑佚，一方面显示了焦竑科学而严谨的学术态度，另一方面则更能表明焦竑对这位命途多舛的前辈在人格和学术上的景仰之情。

杨慎（1488～1559），字用修，号升庵，四川新都县人。他于明武宗正德六年（1511）试进士第一，历任翰林院修撰、经筵讲官、殿试掌卷官等职。与焦竑出身下层不同，杨慎出身官宦世家，他的父亲杨廷和历仕三朝，做宰相十八年，为一代重臣。杨慎二十四岁时即在殿试中拔得头筹，得到了武帝朱厚照的赏识，赐进士及第，授翰林修撰。后来杨慎因为在关系皇室正统的"议大礼"事件中，与嘉靖皇帝据理力争，并带领众臣在廷外哭号请愿，嘉靖皇帝震怒，遂遭到两次"廷杖"，并被谪戍云南，永不调回，直至老死。

可见，杨慎与焦竑在性格方面都是耿介不屈的，这就为焦竑接受杨慎思想提供了充分条件。焦竑虽然没有真正地拜在杨慎门下，但在十余年的搜集、整理其文集的过程中，势必要受到杨慎的启发或影响。杨慎对焦竑的影响主要集中在三个方面：

一、以多闻为务。杨慎是明代少有的学识渊博的大家，《明史·杨慎传》说他"既投荒多暇，书无所不览"，"好学穷理，老而弥笃"，甚至"凡宇宙名物，经史百家，下至稗官小说、医卜技能、草木虫鱼，靡不究心多识"。在杨慎看来，只有广泛地学习，多闻、多见才能具备真正的知识，然后方能在广博的基础上提炼出有价值的东西。焦竑在学识渊博这一点上是与杨慎相同的。明代《本朝分省人物考》之《焦竑传》说，焦竑自年幼时就极为好学，直到垂老，仍手不释卷。老年时，家有藏书数万卷，经常吟咏其中，与少年学者不相上下。

焦竑对杨慎"由博而约"的观点十分认同。焦竑认为只是多闻多见还不可以称之为"圣学",真正的学问应该是由博而返约的,而且这种返约的过程并不是轻而易举的,需要经过不断的磨砺和实践,这样才可以成就学术。

二、独立不羁的哲学思想。杨慎是很有学术个性的一位学者,他在谪戍云南之前,对程、朱、陆、王的思想是认同的,甚至在"议大礼"的过程中还运用这些思想去说服皇帝。但当他被谪戍云南之后,由于接触下层生活,逐渐认识到当时的学风以及统治思想中的许多弊病,遂使他从相信程朱理学转为批评程、朱、陆、王的思想。在杨慎的眼里,陆王心学往往好高骛远,只是让人们一味追求虚无缥缈的东西,而程朱理学则把主要精力都用在了考据等僵死的学问之上,丝毫不考虑人"心"的自由。所以两者都存在明显的弊端:心学的弊端在于把六经都当作它的注脚,一味追求个性,必然导致"高过于大,学而无实",这与禅学如出一辙;而理学的弊端在于只是追求"涉猎记诵",以知识杂博相标榜,这样很容易导致华不逮实,而会使学者"功倍于小(效),学而无用"。

杨慎的这种带有解构特点的思想,在焦竑这里也有所体现。焦竑处于心学发展迅速的晚明时代,他本人也是阳明心学的传递者,但他并未如李贽、何心隐等人将心学导向禅学的境地。尽管好友李贽屡次规劝焦竑放弃"俗学",而归于"禅道","愿君早了业缘,速登上第,完世间人,了出世法,乃见全力云",但焦竑始终保持着与禅学若即若离的姿态。事实上,焦竑的思想是相当独立的,虽出身心学但又不执迷其中,虽崇尚实学但又对汉宋儒家死守章句的作风感到不满,他批评固守宋人著述的世俗儒生说:"童习白梦,翻成玩狎;唐疏宋注,锢我聪明。"这种思想在《崇正堂答问》中展示得最为充分,其中不断有学生向他请教儒家经典或程、朱、陆、王著作中的问题，大都引经据典，寻章摘句，焦竑不但一一加以阐发，而且往往可以从新的角度进行解读。比如，当有人向他询问"依乎中庸"该作何解时，他解释说，其实"中庸"是愚夫愚妇都可以理解的问题，只不过大多数人一味地不相信自己，总想在别人那里得到解释而已，甚至说"今人学道，只以愚夫愚妇为师足矣"。表面看来这种说法似乎有点极端，但焦竑的意思是鼓励学者有自己的见解，不必一切都依据经典。

焦竑对待理学与心学的态度，总体来说是从学术角度出发，加以斟酌利用的，而非简单地限于门户之见。他在《支谈》中归纳自己的学术态度是："学道者当尽扫古人之刍狗，从自己胸中辟取一片乾坤，方成真受用，何至甘心死古人脚下。""刍狗"是古人扎制用以祭祀的泥、木偶。祭祀时，作为神圣之物，祭祀之后，便可丢弃。焦竑将古人的学说同刍狗相比，意思是说，时过境迁，不必一味以古人之是为是、以古人之非为非。事实上，焦竑无论在哲学思想上还是在学术思想上都做到了这一点。

三、重视实学的学术思想。 杨慎对焦竑影响最大的是他的"实学"思想，两人在哲学出发点上存在一定的差异，杨慎是从唯物角度出发，承认人对外界的认识是通过实实在在的感官感受而获得的，而非抽象的"精修"和"参禅"。进而在这种哲学思想的指导下，杨慎成就了自己在史学和考据学上的求实意识。虽然焦竑在哲学出发点上与杨慎不同，基本寓于心学的范围之内，但丝毫不影响他在其他方面对杨慎的推崇。两人在追求"实学"这一点上是相同的，或者说焦竑在一定程度上是受到杨慎影响的。具体来说，"实学"思想又体现在史学和考据学方面，在这两个层面焦竑与杨慎是殊途同归的。

就史学方面来说，杨慎首先主张要以科学的态度看待历史。历史其实只是写在史书上的文字，史官的个人好恶往往会影响到后人对历史事件的理解，因此他认为"国史亦难信，则在秉笔者之邪正也"。在这一方面，焦竑也认为正是由于治史过程中史官个人的思想会掺杂进去，所以他非常重视治史者的个人素质。在《论史》中焦竑认为"史之职重矣，不得其人，不可以语史；得其人不专其任，不可以语史"。而且焦竑也认为很多史书，甚至是"实录"一类的史书，有时由于治史者对历史事件、人物的褒贬多出于自己的主观臆断，爱憎也多出于自己的喜好，所以致使这类史书的价值受到质疑。与此类似，各种野史的记载就更值得怀疑，因此要客观地看待历史。

其次，重视对民间书籍、目录的搜集。杨慎在贬谪云南的四十余年中，对当地的感情逐渐加深，遂十分重视当地的历史。但云南官方留存下来的史籍极少，于是杨慎就十分留意地方史料的搜集和编撰，先后搜集整理并编写了《云南山川志》《滇程记》《滇候记》等史籍。焦竑也非常重视民间史籍的搜救工作，在任史官治明史期间就建议官府应该向民间寻书，并适当地加以誊录。焦竑也亲自参加图书的搜集工作，曾托人向一位姓郑的藏书家求书，先托人考察郑家的书目，然后再找人往他家抄录，用心之良苦可见一斑。事实上，后世的治史经验已经证明，地方志、民族志、族谱、家谱等民间史籍对史书的编纂和客观史实的呈现的确具有非常重要的意义，杨、焦两人的史学观是值得肯定的。

就考据学方面来说，"求实"也是杨、焦两人的共同取向。考据之学由于性质较为特殊，所以客观而真实的考证就显得尤为重要。首先，两人都把对文字和音韵的考证作为考据的基础。在阳明心学盛行的背景下能将精力投入如此"实在"的功夫上面，本身就是对阳明学尤其是阳明末流"空疏"学风的一种反叛。他们认为，考据的基础应该是文字和音韵，因此两人都在这些方面用力颇多。杨慎先后编著了《说文先训》《六书索引》《六书博证》《古篆要略》《奇字韵》《俗书解字》等书，对音韵和文字之学用功颇深。焦竑亦有《焦氏笔乘》《焦氏类林》《玉堂丛语》《俗书刊误》等著作。《笔乘》《类林》《丛语》虽属笔记性质，内容相对驳杂，但内中含有大量考据学尤其是辨音、辨字方面的考证。这些考证的核心思想是："今人不通字学，而欲读古书，难矣哉！"与这三部著作相比，《俗书刊误》十二卷则主要是考订字音、字义的讹误，书中除了辨别别字、错字之外，还考订字的本义以及复音词的读音，通俗易懂。

其次，考据的内容相当广泛。两人知识面相当广博，甚至可以称他们为"博物学家"。在他们的考据学著作中，历史、地理、动物、植物、医学、音乐等领域都有所涵盖。另外在《焦氏笔乘》中还包括各种医方七十五条，既有古代医书记载的较为科学的药方，也有各种民间偏方，可谓应有尽有。

就上述各项而言，焦竑受到杨慎的影响是可以肯定的，杨慎对焦竑的影响主要在史学和考据学方面。焦竑在编《升庵外集》的时候特列出"史部"一类，集中纂辑了杨慎史学方面的论文，有的考订、辨证史实，有的评论历史事件和历史人物，有的抒发读史触发的感想，等等。虽然篇幅的长短不一，有的甚至不是专题的论文，但是基本可以展示杨慎的史学思想。焦竑在进行这种有意识的整理工作的过程中，势必会受到影响。而杨慎的史学思想又与他独立不羁的哲学方法论是分不开的，所以可以推知焦竑"何至甘心死古人脚下"的基本思想方法是受到了杨慎启发的，加之焦竑对杨慎人格的尊重，更使得这种推测变得合理。因此，笔者将杨慎说成是焦竑的"精神导师"就有了现实和理论的双重根据。其实，与其说是焦竑受到了杨慎理论的影响，毋宁说这仍是焦竑的一种理论自觉。什么样的倾向决定了什么样的结果，选择同时意味着一种自觉。这种选择也就奠定了焦竑在明清学术史上举足轻重的地位，故余英时说："弱侯之兼治理学与考证，就其自身说诚不免分为两撅，但就思想史的发展说，则是象征儒学从'尊德性'阶段到'道问学'阶段之过渡。"

第6章

交游广泛，崇尚气节

对于焦竑来说，读书与交友是与他相伴终生的活动。读书，自不必细说，焦竑每天几乎手不释卷，终成一代开风气之先的学者。本节将主要围绕他的交游展开。焦竑一生交游广泛，上至朝廷重臣、学界泰斗，下到山林隐士、寒门学子，阅人无数。前面曾提及过他的师长耿定向、王襞、罗汝芳、史桂芳、王锡爵、陈于陛等，这些人从学术和思想先行者的角度对焦竑施加了很重要的影响。但是，焦竑思想的形成绝非仅是这些师长单方面影响的结果，他的好友如李贽、杨起元、高朗、潘朝言、黄汝亨、管志道，邹德涵、陶望龄、陈第等都对他影响较大。甚至他的学生如许吴儒、汪泗论、夏廷美、徐光启、陈懿典、佘永宁、公安三袁（袁宏道、袁宗道、袁中道，为明代公安派创始人物）等亦对其思想体系的形成起到了一定的作用。

焦竑与李贽

李贽与焦竑的友谊是一种惺惺相惜式的友谊。在三十多年的交往中，两人在思想上互相砥砺，在学问上互相促进，虽相差十岁有余，但完全可以称之为莫逆之交。焦竑敬重李贽的"狂狷"和气节，当李贽自刎于北京镇抚司狱中之后，焦竑愤慨至极，以"金陵同志"自称，而且焦竑终生都对李贽十分尊重。朱国桢在《涌潼小品》中说："焦弱侯推尊卓吾，无所不至。谈及，余每不应。一日，弱侯问曰：'兄有所不足耶？即未必是圣人，可肩一狂字，可坐圣门第二席。'"李贽则对焦竑的学养和德行欣赏有加，感叹焦竑能在一贫如洗的境况下，坚持己志，读书不辍，称其为"千古人"。

李贽原姓林，名载贽，字宏甫，自号卓吾、宏甫、温陵居士等，人们常称其为李温陵、李仪朗、李比部、秃翁等。晚明杰出思想家、文学家、史学家。历任国子监博士、礼部司务、南京刑部员外郎、云南姚安知府。晚年离开仕途，后因与耿定向论战愈演愈烈，遭当地保守势力与当局嫉恨，辗转流寓。万历三十年（1602），居通州，因通州距北京较近，京城谣传，谓李贽将进京，著书攻击当朝首辅沈一贯，引起当局恐慌。于是礼科给事中张问达上疏弹劾，加以"惑乱人心""挟妓女白昼同浴""强搂人妇""勾引士人妻女"等罪名，酿成诏狱，李贽不堪受辱，以剃刀自割咽喉而死，终年七十六岁。

李贽早在北京任职时就对焦竑多有耳闻。焦竑当时虽然屡试不第，但没有影响他在学者中的地位，这主要有两个原因：第一，焦竑的确聪明颖悟而且勤奋好学，在耿定向、史桂芳等著名学者的影响下，其思想和学术都有了很大进步，尤其在任崇正书院众生之长后，更使其声名远播。第二，南京有深厚的文化底蕴，自古就是一个英华荟萃之所，众贤云集之地，一直以来学术风气相当浓厚，各地学者来此地学习、讲学活动相当频繁，从而也促进了文化上的交流；在这种背景下，人杰与地灵会形成一种良性循环，人借地利，地借人光，因此，南京甚至江南一代的学者很容易被众人所知，焦竑当然也不例外。

李贽说："余至京师，即闻白下有焦弱侯其人矣。又三年，始识侯。"按李贽所说，焦竑与李贽在北京便已经认识了。李贽是在 1564 年任北京国子监博士的，三年之后即隆庆元年（1567）他仍在北京，时任礼部司务。就在这一年冬天，焦竑也来到北京准备第二年的会试，两人便在此初识了。但这个时候两人尚属初识，焦竑主要为考试而来，而且逗留短暂，所以两人没有充分的接触和交流。

直到隆庆四年，这两位晚明时代的著名学者才有机会深交。由于李贽个性极强、思想解放而且不与权贵为伍，加之官场上的互相倾轧，所以在北京任职的五年中他并不快乐，只能"五载春官（唐称礼部为春官），潜心道妙"。正是带着对京师浮躁之风的不满，这一年李贽改任南京刑部员外郎，相当于从五品，官阶不高，但李贽在精神上却是愉悦的。

两人私下关系相当融洽，而且这种关系贯穿他们终生。两人经常结伴同游，拜访诸贤，李贽与耿定理的结识就是源于焦竑的积极引荐。耿定理是耿定向的二弟，焦竑素与耿家三兄弟交好，而且又师事定向。后来李贽与定理交往密切，两人有共同的学术志趣，都对佛道思想情有独钟，主张"性空"说。李贽往云南为官时将妻小托于耿定理照顾，任满后更是寄身于耿家。

李贽在南京任职的六年，是两人往来最集中的一段时间。这也使两人可以在学术上进行一定的交流，并互相影响。黄宗羲说"先生（焦竑）师事耿天台、罗近溪，而又笃信卓吾之学"，认为焦竑不仅对耿定向和罗汝芳思想有所吸收，而且也受到了李贽思想的影响。事实上，在焦竑心中李贽的地位是相当崇高的，认为"可坐圣门第二席"。同样，李贽也对焦竑思想倍加推崇，并不否认受到了焦竑的影响，自称"宏甫之学虽无所授，其得之弱侯者亦甚有力"。李贽晚年对佛老思想更为推崇，以"童心"之说反对一切儒家规范，而焦竑则始终采取一种"中行"的态度来对待儒释道三家，虽然总体上来说两人的思想存在一定的差异，但是两人始终互相尊重，且从未对上述言论有所否定。足见两人都是以"君子之儒"互相珍视的。

南京六年相处，铸就了李贽与焦竑终生的友谊。这种友谊是一种"和而不同"式的友谊。所以当李贽万历五年（1577）离开金陵出任云南姚安太守时，焦竑十分不舍，作《送李比部》诗表达依恋之情："相知古今难，千秋一佳遇""行行善自爱，无为怨天涯"。感伤与担忧之情溢于言表。李贽为官之地，交通不便，地处蛮荒，焦竑也十分挂念，来往书信不断。在此期间焦竑作《寄宏甫二首》表达思念之情，诗云：

归田仍作客，散步自安禅。
去我无千里，相违忽二年。
梦醒江阁雨，心折楚云飞。
寥落知音后，愁看《伐木》篇。

风雨秋偏急，怀人冀欲丝。
飘零违俗久，岁月著书迟。
独往真何事？重过会可期。
白门遗址在，相为理茅茨。

李贽更是对焦竑非常信任，在通信中时常大诉衷肠。李贽在云南任职后期已经萌生隐退之意，但尚处于矛盾之中，仅在这一段时间李贽就与焦竑通信不下三通，李贽自述辞官前后的矛盾心情："怕居官束缚，而心中又舍不得官。既苦其外，又苦其内。"而焦竑亦是百般开解，最终李贽于万历九年离开云南，返回湖北黄安。焦竑写信给李贽，相约见面一定要痛饮十天，并赋诗《李宏甫解官卜筑黄州寄赠》，表达想要会面而不得的苦闷心情："苦欲移家难相送，何时同作灌园人？"李贽收到这封信更是感同身受，亦和了一首《入山得焦弱侯书有感》，诗云："何时策杖履，共醉秣陵春？"两人的诗句如出一辙。这种眷恋之情终于在同年十二月得到了排解。两人相会于湖北黄安，焦竑果然如之前给李贽的信中所说，与李贽痛饮十天，十天后才返回南京。

以上仅是两人三十多年相处中的一些小的片段，限于篇幅，不能一一展开。可以说，两人不但是日常生活中的挚友，更是学术和思想上的诤友。

就学术方面来说，两人熟悉彼此的著作，而且经常将著述寄予对方，希望得到对方的指正。根据李贽和焦竑年谱可知，当万历十四年焦竑《焦氏笔乘》初刻本成书不久，李贽第一时间便从李如珍处得到此书，并对其中所记录的有关友人论学的言论加以赞许，称赞其记载不但准确翔实，而且也称赞焦竑能铭记友朋之善。同样，《焦氏类林》成书之后，李贽也是审阅过的，并对之评价较高，认为此书可与魏晋时期的《世说新语》比肩，即"当与《世说》并传无疑"。不仅如此，焦竑的一些著作也适当吸收了李贽的学术成果，其《老子翼》中就收了李贽《解老》书中的语录十多条，比如，其将李贽为苏辙《老子解》所写的序《子由解老序》收在了《老子翼》卷七之内。

万历十六年（1588）春夏之间，李贽的《李氏藏书》初稿抄录完成，随即便专程派人送往南京，请焦竑审阅，并希望可以为该书作序。李贽后来在给焦竑的信中称"弟真不可一日无兄"，充分体现了焦竑在李贽心中的地位。除此之外，万历二十年夏，当时焦竑正在北京为官，李贽的好友周友山北上，李贽便托他把《焚书》《说书》《坡仙集》和批点本《孟子》交与焦竑批阅，自称写书不易，希望焦竑能细心审阅。而且称《坡仙集》错讹较多，希望焦竑能为其改正差讹、填补落句。

焦竑的评点是十分认真的，并在李贽去世之后陆续为《藏书》《续藏书》《焚书》《续焚书》作序，其中的批评都较为中肯，对李贽学说的独到之处褒奖有加。不仅如此，焦竑的评价还是十分客观的，真正可称为李贽的诤友，如在《李氏焚书序》中焦竑说李贽其人快口直肠，目空一切，从不顾忌他人的指责，但却把此书命名为《焚书》，这明显还是考虑到了别人的感觉，所以才会在书名前冠以"焚"字，从而指出了李贽思想中的双重性。

就思想方面来说，两人观点也同中有异，虽互相借鉴，但最终仍不能同一。总体上说分为三个层面：首先，两人在精神领域之"狂"上是相近的。但焦竑的"狂"是一种内在的气质，其整体风格仍以"中行"为主；而李贽则"狂"中有"狷"，目空一切，唯我独尊。然而，这种行为方式的不同丝毫没有影响两人的交往，甚至不同思想的碰撞，为两人思想的成熟都有所帮助。其次，两人的思想起点都是心学。焦竑受益多师最终形成以心学与实学相统一的理论体系，主张心性之学，但并不极端；而李贽自称他也曾以王襞为师，思想出发点为阳明心学无疑，并以"性空"为基础，但在思想演进过程中，尤其在其深入了解佛道两家理论之后，其"性空"理论发展到对儒家规范的否定，以个体生命的自由为最终目的。再次，两人在思想方法上都崇尚个性。两人都有自己一套独特的思想方法，焦竑的思想方法是综合式的，兼容三教，但决不拾人牙慧。李贽的思想方法追求片面的深刻，具有明显反理性色彩，这源于李贽对"赤子之心"或"童心"的追求。对于两人思想方面的诸多差异，两人都有所意识，但彼此从未妥协过，而且各得其乐。

万历三十年，两人三十多年的友谊随着李贽的自杀而宣告结束。

焦竑悲痛欲绝，十分愤慨，但此时的焦竑也归乡三年有余，已经无力为李贽鸣冤，只能在后来为李贽所写的祭文中表达这种情感了。在《焦弱侯荐李卓吾疏》中，焦竑首先承认了李贽之死的意义，认为他的死可以起到警示、启蒙后人的作用，这种舍生取义的精神足可以让那些"全躯保妻子之辈"感到汗颜；其次，表达了朋辈的悲痛惋惜之情，称"痛逝者如斯，伤谮人者之已甚"，并希望李贽能够如生前一样自由，有所皈依："七十六年成梦幻，百千亿佛成皈依。"这些语句一方面表示了焦竑对李贽去世的痛惜，另一方面也表现出对朝堂之上的一批官员极端的不满。在当时的社会背景下，像焦竑这样无所顾忌地为李贽鸣不平的人并不多，足见两人感情之深厚。

焦竑与陈第

焦竑与陈第的结识开启了清代古音之学的先河，明清之前的古音之学基本上还是沿用《尔雅》《广雅》等专著中的理论，这些书虽对古韵有一定的见解，然而其中毕竟对因古今时代演变而产生的词汇与读音的变化处于一种不自觉的状态。自从焦竑《古诗无叶音》开始，对古诗的读音有了新的看法：古诗所使用的韵部多为古韵，因年代久远致使很多字的读音已经发生了改变。而今人（指唐代以后之人）往往用今音读之，发现不能押韵的字，则擅改其音，勉强押韵，称之为"叶韵"。这种做法是不对的，古诗并无"叶音"现象。焦竑认为"世儒徒以耳目所不逮，而凿空附会，良可叹矣"。正是焦竑的这种独特的见解，令陈第十分折服，称"此前人未道之语，知言哉"；同时也成就了陈第与焦竑之间的一段翰林佳话，并为古代音韵学的发展作出了贡献。

陈第（1541～1617），字季立，号一斋，福建连江县人，现在连江县仍存"陈第公园"。他出身书香门第，自幼博览群书，以学习实用之学为务，并广泛收藏图书、钻研古学。其所居藏书阁名为世善堂，藏书甚丰，一生搜集书籍一万余卷。陈第大半生在军旅中度过，二十二岁即投在戚继光麾下，并献平定倭寇之策，受到戚继光、俞大猷和大司马谭纶的赏识和器重。此后与戚家军转战南北，屡立战功，曾为抗击北方游牧民族鞑靼的入侵作出了卓越贡献。后来，戚继光、俞大猷受到排挤，牵连陈第，故于四十三岁那年愤而辞职，回到故里。

归里之后，陈第寄情山水，先后曾多次远游，成为有明一代著名的旅行家。其与焦竑便是在一次旅行中结识的。其实陈第自从看到焦竑《古诗无叶音》一文之后便产生了与其结交的想法。万历三十二年（1604）至三十七年间，陈第又一次离家远游，到达南京拜访了焦竑。两人年龄相仿，谈经说史，十分投缘，陈第便在焦家长住一年之久，遍读焦竑所藏诸多韵书。据陈第在《毛诗古音考跋》中所说，陈第对古诗"叶音"问题早有思考并撰有《毛诗古音考》初稿，此次来南京未曾随身携带，通过与焦竑的交流，凭记忆而将其完成，得"太史又为补其未备，正其音切"。第二年，陈第离开南京往江西，直到万历三十四年才重返南京，此时《毛诗古音考》正式刻成。焦竑为之校核审定，并亲自撰写序跋，协助出版。

无疑，陈第的《毛诗古音考》是受到焦竑影响而完成的。焦竑历来重视音韵、文字之学，在《焦氏笔乘》和《俗书刊误》等著作中存有大量的相关文字，并认为这是后世学者研究古学的基础："今人不通字学，而欲读古书难矣哉！"主张音韵、文字的明晰，是理解古书意义的基础，更是根据意义进行解经的门径。

反观焦竑的音韵学思想可以概括为两点，而这两点又都被陈第较好地加以发展：

首先，焦竑音韵学思想以纠补时弊为要务。明以前学者读古诗往往妄以己意揣度古韵，妄改字句读音，称之为"叶韵""叶句"。焦竑认为这种现象由来已久，汉唐以后学者往往对古人作品随意删改，并以扬雄《上林赋》的流传为例，因为后世在欣赏此作时，对其进行"分章摘句"式的解读，不顾原有韵律特点，致使读者很难理解原意。对此，焦竑尖刻地指出："此六书韵学之废，而士大夫不能学古之过也。"陈第将这种思想继承并加以发挥，他在《屈宋古音义跋》中明确地表明了这种思想，认为古今之音必有所变化，而自唐以来人们多以今音读古字，借助"叶韵"这一万能钥匙，"以一字而尽该千百字之变"，这是一种极容易极简陋的做法，也导致了古音的衰亡。对此，陈第明确表示"语有递转，系乎时者也"，认为语言、语音是随着时代的变化而发生改变的，并以一种"时有古今，地有南北"的进步意识看待古音的问题。可以说，这种思想将焦竑的理论进一步明确化了，也被后来清代音韵学研究所吸收。

其次，焦竑的音韵学思想是建立在实证的基础上的。焦竑在这一点上与前代学者妄改字音的做法不同，据其自称，其从小读诗时，就常常对古诗读音存有疑问，待到后来读书渐丰，便可以将不同典籍中的文字和读音进行互证，于是发现古韵与今韵并非是一回事，始知流行的"叶韵"之说是十分荒谬的。事实证明，焦竑这种建立在"互证"基础上的实证研究方法是十分有效的，这也是明代以后音韵学研究广泛采取的一种方法。陈第也在这方面吸收并发展了焦竑的思想，其《毛诗古音考》一书的基本方法就是"互证"，并将其具体化为"本证"和"旁证"两种方法。所谓"本证"，就是搜集《诗经》各篇章中相同的字放在一起，互作证明。所谓"旁证"，就是在

《老子》《周易》等同时代或时代相去不远的著作中寻找证据，以证实古字的真正读音。对于这本书的成就，《四库全书总目提要》称"国朝顾炎武作《诗本音》，江永作《古韵标准》，以经证经，始廓清妄论，而开除先路，则此书实为首功"。陈第在《毛诗古音考》中共列举四百四十四个字，每个字都是通过列出本证和旁证两条来证实其古音的。同样，其《屈宋古音义》亦是采取此法，焦竑认为这本书与《毛诗古音考》的作用相当，并且可以将两本书所列字音相互印证，用以帮助了解诗骚时代的古音。

焦竑与陈第除了互相交流音韵学方面的知识，还涉及古代经学典籍、品藏书籍等诸多方面。据载，两人第一次见面即纵谈经籍，极为默契。万历三十六年（1608），陈第再访焦竑时更是高谈《易》学。后来焦竑曾为陈氏《伏羲图赞》作序，甚至七十三岁高龄仍为陈第所著《尚书疏衍》做审校工作，并欣然撰写序文。另外，焦竑与陈第都是当时著名藏书家，就藏书数量而言，陈第应略逊于焦竑。万历四十四年，焦竑两部目录性质的著作——《国朝献征录》和《国史经籍志》相继刊刻完成。同年，陈第之《世善堂书目》也写就，这部书的完成在很大程度上得益于与焦竑之间的交往：首先，陈第曾在焦家读书多时，对焦家藏书十分了解，从中可以获得众多有益资料。其次，焦竑上述两部目录学著作成书于《世善堂书目》之前，其借鉴焦竑的成果是十分可能的。陈第在《世善堂书目序》中自称其书多抄自"金陵焦太史家"。由此可见，焦竑不仅在音韵学方面影响了陈第，而且在经学和目录学方面也使陈第受益匪浅。

陈第卒于万历四十五年，享年七十七岁。焦竑又痛失一位良友。焦竑在陈第生前称其具备"三异"，即早年为统兵之将，一旦归里，能安贫乐道，一异也；周游万里，飘若神仙，而能不受世俗羁绊，二异也；著述满家，知识广博，而能对诗、画品评十分到位，三异也。可以说，这是对陈第一生成就的全面赞许。两人相交十三载，彼此尊重，而且即使是短别，相互之间也彼此挂怀。两人交往不仅促进了彼此学术的精进，而且也对明代乃至清代学术的发展作出了突出的贡献，这一点在音韵学上表现得更为突出。

焦竑与公安三袁

有明一代文坛基本以两种思想为主导，明中期以前主要以"前后七子"为代表的复古思想为主导。以李梦阳、何景明为代表的"前七子"和以李攀龙、王世贞为代表的"后七子"承袭明初宋濂、刘基等人思想之余续，主张为文应以秦汉之文为典范，作诗则以唐诗为圭臬。这种复古潮流可以从两方面来看，积极的方面在于它是对明初"台阁体"呆板、萎靡文风的一种反拨，使文学所反映的内容变得充实起来，从而使明代诗文开始"言之有物"；消极的方面在于对秦汉、盛唐诗文风格的一味遵循，会潜在地扼杀文学的生命力，进而开始走向僵化和形式主义，并且内容上很难摆脱"文以载道"的窠臼。对这种复古潮流的反拨开始于以王慎中、唐顺之为代表的"唐宋派"，他们对韩愈、柳宗元、欧阳修等人文章的推崇，很大程度上打击了主张"文必秦汉"的前后七子。自此，上演了以唐顺之、王慎中、徐渭为发端，至汤显祖、"公安派"而完成，以"竟陵派"为余响的性灵文学思潮。

文学领域的"性灵"思想到"公安派"这里发展到了高潮。这种高潮的来临，与文学自身的发展规律和整个社会的思想潮流都有关系，或者说是两者的双重作用促使了公安派的产生。公安派的核心人物是公安三袁，即袁宗道（伯修）、袁宏道（中郎）、袁中道（小修）。他们并非一开始就以"性灵"为文学主张，而是有一个思想变化和成熟的过程。以袁宗道为例，早年对李攀龙、王世贞的主张相当推崇，甚至对两人的文章烂熟成诵。他的这种思想在万历十四年（1586）之后有了较大的改变，此年他二十七岁，并金榜题名，进入翰林院。一般认为，袁宗道思想的改变有两个契机：萌芽于得中状元之前的一次重病经历，据说，病愈后曾钟情道家养生之术，以读书修习为务，少谈世事；成熟于与李贽的交往，李贽的"童心"说深深影响了中年时期的袁宗道，进而也促进了公安派"独抒性灵、不拘格套"思想的形成。相比较而言，李贽思想的影响似乎在客观层面和学理层面更具说服力。所以学界公认公安派"性灵"思想肇始于李贽。

然而这种认识却忽略了一位重要人物——焦竑的作用。可以说，焦竑是袁氏三兄弟接触心学和三教会通思想的领路人。公安三袁中袁宏道、袁中道早期学术思想多受兄长袁宗道的影响，而袁宗道二十七岁进入翰林院之后与同在翰林院任职的同僚经常互相切磋。焦竑于万历十七年也得中状元，随后任翰林院修撰，此间两人有了接触的机会。虽然袁宗道较焦竑早入翰林三年，但焦竑比他年长将近二十岁，此时已经名望甚高，无论在学识上还是在名望上都较袁宗道高出一筹。因此，袁宗道对焦竑较为尊敬，并经常互相发明。在交往的过程中，焦竑对袁宗道思想的转变起到了重要作用，据袁宗道三弟袁中道回忆，当时他的兄长尚钟情于道家"数息静坐之法"，并大量阅读道家、道教书籍。待到焦竑进入翰林，袁宗道便向其问学，而焦竑则对他"引以顿悟之旨"，袁宗道受焦竑思想启发极大，对焦竑源于心学的"性命之学"极为感兴趣，自此以后则"精研性命，不复谈长生事"。

焦竑考中状元的同年夏天，袁宗道因事从北京归乡，临行前焦竑叮嘱他一定要去麻城见一见李贽，认为李贽的思想一定会对他有所启发。据此可知，公安三袁得以接触李贽思想，焦竑是功不可没的。而且他们最早接触的心学思想也并非来自李贽，而是源自焦竑。袁宗道的二弟袁宏道这一年与焦竑一同参加了北京会试，但并不如意，铩羽而归。他在北京就已听说了焦竑的名字，但两人并未有机会见面，无缘窥得焦竑的思想。此次袁宗道因公归里，袁宏道也正好落第归来，于是袁氏三兄弟得以相聚。袁宗道回到家中之后，便对两个弟弟大讲自己的学术心得，内容当然是自己对心学和儒释道关系的重新认识，袁宏道和袁中道都很受启发。据袁中道回忆，自此他们开始重新审视儒家经典，尤其是孔孟思想中对心性的认识，同时也开始"以禅注儒"，并尝试禅儒合一，足见焦竑思想确实对三袁思想的形成起到了奠基作用。

焦竑与袁宏道的初识是在万历二十年（1592），焦竑任会试考官，袁宏道便是在这次会试中金榜题名的。三年之前两人还同为考生，而现在则要以师生相称了。一般来说，生员与考官之间的师生称呼带有较强的礼仪性，但焦竑与袁宏道之间的这种称呼则是实至名归的。同年，焦竑奉命出使河南，袁宏道亲自送行并赋诗一首，题为《送焦弱侯老师使梁，因之楚访李宏甫先生》，诗中称自己同是焦竑与李贽的学生。后来焦竑被诬遭贬，袁宏道也为之痛心疾首，并曾写信宽慰老师。万历二十九年，袁宏道前往北京迎兄长袁宗道的灵柩（宗道死于1600年），路过南京，专门拜访了老师焦竑，此时两人已经有师生之谊整整十年。所以袁宏道十分感慨，作《白门逢焦座师》，称"十年一拜郑康成"，将焦竑比作东汉大学者郑玄，足见袁宏道对老师的尊重。

焦竑与袁中道相遇是在万历二十六年（1598），焦竑被排挤出京，与李贽连舟南下归乡，途经仪征（今江苏仪征），恰好遇见在此接袁宏道家眷入京的袁中道（此年袁宏道改官京城）。于是，袁中道得以与焦、李二人同游天宁寺，并计划继续同游南京，但因雨未能成行，遂作《雨坐天宁寺，时将同卓吾子游秣陵，因雨未果》。此次袁中道与焦竑见面时间较短，并未进行深入交流。两人再次接触是在万历三十七年，袁中道游秣陵，大会天下学士，后与汪道昆专程往焦家拜访焦竑。此次焦竑不但与之大谈心性之学，而且也向袁中道展示了自己所藏《录鬼簿》一册。此次两人思想得到了充分的沟通。

由上面考证可知，焦竑与公安三袁都有较深入的接触，而且三袁都深深服膺焦竑的思想和道德，并以师长视之，尊称焦竑为"焦老师"。焦竑在以下几方面影响了三袁或公安派的思想：

首先，在心学层面，焦竑主张"返性"。他认为"性"是人心的根本，而程朱理学大多曲解圣人之意，只是一味地用自家的"道""天"等概念来解释圣贤的经典，对最根本的"本心""本性"则置之不理。他还认为人心是相同的，经典中的"仁""良知""孝悌"等范畴都是"人心"或"人性"的不同称谓而已。这就需要人们不断地去除"遮蔽"在人心上的世俗之见，要重视根本之"性"。就是说，焦竑所主张的是一种"去蔽返性"的心学思想，这种思想与道家哲学"澄怀味道"的方式有相同之处，都要求抛弃世俗牵累而体悟本真。另外，焦竑与李贽等人对"返性"的看法也有一定的不同，在李贽那里把"性"发展到了绝对抽象、不受任何羁绊的程度，是对人的"情"和"欲"的自由发泄，可以说这种人性的自由人人都会羡慕，却只能在乌托邦的世界中才能真正实现。

焦竑这种"返性"思想，很大程度上影响了公安派的"性灵"观。这一点在袁宗道思想中表现得尤为明显，他一方面强调"赤子"之"真"，强调人性自然纯真的本质，但另一方面他却与李贽的极端思想不同，亦重视儒家的道德论，主要表现为对"情"的反对。袁宗道经常表现出对"情"和"欲"的蔑视。对于人心受激荡而产生的"情""欲"，他认为要及时加以抑制，不然就要危害"心"的纯净状态。在儒家及理学家眼中，"性"是根本，而"情"则是"性"受到外界诱惑所产生出来的。用焦竑的话来说，"性"是水，而"情"是水受激荡之后产生的波纹。

尽管袁宏道、袁中道对于自然情欲的看法与袁宗道不同，也与焦竑有一定差距，但在"返性"这一最终目的上则是相同的。后来公安派尤其是袁宏道和袁中道受到李贽思想的一定影响，但最初将他们引入心学门径，并最早向他们展示"返性"主张的无疑应该是焦竑。

其次，焦竑"三教融通"思想也对公安派产生了影响。焦竑主张"融通"三教，而并非是简单的"三教合一"，事实上主张"合一"仍是一种狭隘的一元论观点，因为"合一"在具体实施过程中，必然要面临一个"谁同化谁"的问题。而焦竑则持一种较为达观的观点，他认为儒释道尽管在教规和仪式上存在诸多差异，但它们都是以"人心"为根本的，可谓"殊途而同归"，它们会通的深层基础是相同的。焦竑认为应该摈弃狭隘的门户之见，孔孟之学是一种"尽性至命之学"，与之类似，佛家经典所发明阐发的，也同样皆为孔孟之理，相互之间是一种"理同法异"的关系。

万历十七年（1589）袁宗道归乡，曾向两个弟弟详细讲述了在翰林院与焦竑等人研习之心得。其中较重要的思想除了心学观点之外，便是对儒释道关系的看法。自此之后，袁氏三兄弟便开始对三教尤其是儒佛关系进行深入思考，研习华梵诸典。虽然三人各自理论的侧重点不同，袁宗道侧重"以佛诠儒"，希望在用佛学思想解释儒家思想的过程中，使儒家思想得以充分展现，即"儒禅合一，而终归于儒"；袁宏道则将儒佛思想结合得更为浑融，在他看来三教本出一源，主张"儒佛互补"；袁中道相较于两位兄长更钟情于"由儒参禅"，用佛家观点阐发儒家思想，但是三人有一点是相同的，就是始终坚信儒与佛之间是可以互作阐发的，从中不难看出焦竑"会通"思想的影子。当然，三袁"三教观"形成的决定因素并非是焦竑一人之力，但焦竑所起到的启蒙作用是值得肯定的。

再次，焦竑思想中也存有"性灵"之主张。"性灵"是指人的一种与众不同的气质，或者可以理解为一种独特之"气"。早在曹丕《典论·论文》中便有了"文以气为主，气之清浊有体"的主张。事实上，"性灵"一词在魏晋时期已被广泛应用，如谢灵运、庾信、颜之推等人都曾使用过这个词。历史往往是一种非等同性的轮回，明末文坛的境况仿佛是魏晋风流的再度呈现，多了一份历史的沧桑，少了一份任意而行的洒脱。如果将历史比附人生，魏晋是无所羁绊的年少轻狂，明清则是大彻大悟的返璞归真，同为求"真"，但境界却是不同。

焦竑在为《陶渊明文集》写的序中认为，古代圣贤大儒、征夫怨妇所吟咏之辞，往往发自肺腑，以真情实意相寄托，但后世为诗者往往以虚情伪性敷衍成篇，于是导致"诗道日微"。

这种思想倾向，在焦竑这里便具体化为对"性灵"的推崇。在万历十年（1582）为王德载（上元人，锦衣卫指挥）所作的《雅娱阁集序》中，焦竑明确表示"古之称诗者，率羁人怨士不得志之人，以通其郁结，而抒其不平……诗非他，人之

069

性灵之所寄也。苟其感不至，则情不深；情不深，则无以惊心而动魄，垂世而行远"。该文明确地提出了"性灵"的概念，这要比袁氏兄弟的"性灵"说早了许多。几年之后袁宏道才在《叙小修诗》中提出"独抒性灵，不拘格套"的观点。而且在焦竑看来，近世文学之所以少了对人的真情实感的重视，很大程度上在于陈陈相因，过分看重前人的规范，这一点在前后七子那里表现得相当明显。

但是焦竑的思想又是相当辩证的。这种辩证观具体表现为：他一方面主张"性灵"说，认为诗文表现人的真实情感是至关重要的；而另一方面，他又不像李贽等人那样一味讲求情感的抒发，或者说他在重视抒发情感的同时，更重视对情感的"蕴藉"。这表面看来是矛盾的，但实际上并非如此。首先，抒发的情感就内容来说可以是不受世俗礼教束缚的"赤子"一样的感情。其次，焦竑认为这种真实的情感一定要经过反复的涵咏、沉淀，所以他主张"为诗殚竭心力，方造能品。至于沛然自胸中流出，所谓不烦绳削而合，乃工。能之至，非率易语也"。这是一种较为科学而成熟的创作观，因为好的作品往往是能让人既体会到思想、情感的新鲜和独到，又能够给人带来可以反复品读的厚重感。这就要求诗人能够"厚积而薄发"。在这一点上，笔者认为焦竑是较袁宏道老成一些的，袁宏道之"性灵"的表达方式是"信心而出，信口而谈"。在他看来冲口而出的本色语言更能表现人的"性灵"。因此，虽然焦竑与三袁都主张自由抒发情感的"性灵"之说，但还是有一定区别的，不可混淆视之。

焦竑的学生徐光启曾将天下文章分成三类：大臣之文、朝臣之文和大儒之文。称可以兼具三者之长者，在近世只有王守仁，在当世只有焦竑。这种评价绝非溢美之词，从焦竑对"性灵"说的认识足可看出其文学思想的深刻性。其诗文作品往往既有诗人的灵性，同时也不缺少学者的厚重。郭绍虞先生在《中国文学批评史》中称焦竑与三袁文学思想存在差异的原因在于"焦竑是学者而不是诗人"，"而三袁兄弟是诗人而不是学者"。笔者认为，此话对焦竑的认识只说对了一半，应该称焦竑为"学者型诗人"。

第7章

相遇在"道"上
—— "三教融通" 的哲学思想

    宋明时期是一个哲学思想异常激荡的时代，宋代程朱理学到了明代渐渐被更为自由而崇尚"心性""良知"的阳明心学所取代。而在阳明学派内部也是枝节交错，从地域上分可分为南中、楚中、北方、粤闽、浙中、江右、泰州七派；就学术倾向上可分为现成、归寂、修证三派；就与朱子理学的关系可分为左派和右派。这些不同派系是互有交叉的，但从中不难看出明代阳明学发展的空前程度。

    明代哲学的又一个特点是渐渐模糊了三教思想的界限。这种倾向无论在僧侣中间还是在心学学者中间都异常普遍，甚至在以云栖袾宏、紫柏真可、憨山德清、藕益智旭"晚明四大高僧"为代表的佛教内部也是如此，他们都或多或少地存在三教融合的思想。在心学学者内部则更是这样，事实上阳明心学自产生之日便为三教融合提供了土壤，其主张"致良知"，认为"良知"是人人都共有的，普通人的任务就是通过格物而获得"良知"，认为"学贵得心"。其实这与道家"静观""澄怀味道"思想和佛家"开悟""破名相"思想如出一辙。无怪乎阳明宣称"二氏之用，皆我之用"，甚至以"三间厅"之喻作比，称儒释道恰似同处一厅的三个房间，其实本来是不分彼此的，但儒家学者往往人为地将左边一间归于佛家，右边一间分给道家，这其实是不懂"圣人与天地民物同体"的意思，"儒、佛、老、庄皆吾之用"方是真正的大道。

三教融合的进程自魏晋时代便已经开始了，儒道两家产生于中国本土，外儒内道的人格特征已经在中国人的气质中根深蒂固。对于佛教来说，自汉代传入中土以后便不断向本土文化趋同，为了迎合统治阶层的需要，已经从教义到教规上发生了很大的改变。其中与儒家伦理思想、等级观念相结合便是其本土化的最重要一步。于是自魏晋时代就出现很多三教合一论者，如东晋时期的孙绰、慧远，唐代的宗密、白居易、柳宗元，宋明时期的苏轼、王畿、李贽等。

三教融合论在明嘉靖以后十分盛行，并且成为明中后期思想的主潮，《四库全书总目提要》也宣称："盖心学盛行之时，几无人不讲三教归一者也。"此时较具代表性的人物是"三教先生"林兆恩（1517~1598）。林兆恩的"三教观"是"三教同源"或"道一教三"说，认为三教"譬之树然，夫树一也，分而为三大枝，曰儒、曰道、曰释"。但是在林兆恩这里，其"三教合一"仅仅是基础，最终则倒向了尊儒崇孔的窠臼，就是以儒家的伦理道德为基本思想，同时兼及道释二教心性之学。这种思想在文人中间也相当普遍，如与焦竑有所交往的管志道、李贽、袁氏兄弟等都持这种观点，只不过他们在以三教中哪家为尊的问题上存有一些差别而已，本质上仍属于一元式思维。

尽管焦竑的三教融合思想也不可避免地受到了时代的影响，与林兆恩等人的主张有很多相似之处，但还是有所差别的。三教融合还可以具体分为三教合一和三教融通。具体来讲，在焦竑这里对儒释道的态度是相当宽容的，他对三教优劣没有价值论上的评价，是一种博采众长的态度。更明确地说，他在思想方法上吸收了儒家"中庸"的思想，名之为"中行"，同时也采纳了道释二家有利于理解"心性"之学的主要观点，最终形成自己独特的心学理论。总之，焦竑的三教融合观是一种广博的"融通"思想，这是与主张三教"合一"的林兆恩等人明显不同的，前者是类似于西方现象学"回到事物本身"的多元论思维，而后者则是一种先入为主式的一元论思维模式。以下将主要介绍焦竑三教融通思想的深层机制。

"道"与"性"

历史上被归为泰州学派学者的焦竑，与同时代的李贽等人的观点有所差异。焦竑主张"尽性至命"之学，以孔孟思想为要旨，认为孔孟思想的核心是对"性"的认识。其在给老师耿定向的信中说："孔孟之学，尽性至命之学也。"他同时认为当时的学者往往被束缚于刻板的注疏章句之学中不能自拔，不能尽通古代圣贤的真正思想。这一点是与阳明心学的大体思路相一致的。

焦竑又在其思想体系中引入了"道"的概念。这一概念较为复杂，具体来说它具有两种含义。第一个是认为"道""性""心"是相同的含义。这种理解仍属于阳明学派，或者更准确地说是泰州学派的认识。泰州学派所主张的"返性"方法是"直指人心"式的。在焦竑这里没有了程朱理学中"道"与"性""心"的等级差别，"道"就是"性"，两者是二位一体的，体性的过程其实就是悟道的过程。在这个层面上"道"的含义是指向人的内在的，是不需要外在的礼仪规范和不断格物的。所以，焦竑十分赞同王艮"百姓日用即为道"的主张，认为不需要烦琐的向外苦求的知识，愚夫愚妇所能感悟到的也可以称之为"道"。

正如上述，在对"道"的第一种理解中，焦竑认为"道"就是"性"，是需要人们向内心不断追求才能得到的。所以焦竑不满意不以"心"为本，而盲目向外追求"道"和"性"的方式，认为这是一种舍本求末的做法："此等皆是抛家失业，向外边走的。"而人们之所以这样做，深层原因在于对自己的内心想法不够自信，而一味只知道向外在世界寻求解释，反而更容易迷失自我，进而也不可能真正体会到"道""性"。至此，焦竑又将"心"的概念同"道"和"性"联系了起来。"心"的含义应该既是物质的，同时也是精神的，说它是物质的，因为它作为物质存在是"道"和"性"的载体，说它是精神的，因为在本质上焦竑所追求的"返性"，其实就是一种处于澄明状态的"心"。正是在这个意义上，"道"与"性""心"达成了统一。

"道"在焦竑思想中的另一个含义则带有鲜明的儒家色彩。但是这种儒家色彩更多的是体现在礼法观念上，就是说"道"与"性"一方面是可以通过"直指本心"的方式获得，不需要烦琐的下学功夫，但它们还要受到一定规范的约束，不是如李贽等"狂禅"学者所主张的不受任何束缚的绝对自由状态。具体来说，焦竑认为"礼也者，体也，天则也"，将"礼"作为最高范畴，将其看成一种"天则"。其实此处的"礼"与"道""性"已经完全相同了，其作用是"能视听，能言动，能孝弟，能贤贤，能事君，能交友，可以为尧舜，可以通天地，可以育万物"。

可以从三方面来概括焦竑眼中的"道"和"性"：首先，两者在焦竑的心学体系中是一致的，并且也是可以通用的概念。正是在此基础上焦竑实现了心学理论中的"性"与儒释道三家的"道"的统一，这也是实现儒释道三教融通的基础。具体如何使"性"涵盖三种不同意义的"道"将在下面谈及。其次，焦竑眼中的"道"或"性"实质上已与泰州学派的理解不同，其中加入了"礼"的成分。这将为三教融合创造前提条件，因为儒释道尽管在具体的教规上存有差异，但共通点无论如何都是存在规范的，儒家是伦理秩序，佛道两家是各种戒律。再次，焦竑在谈到"道""性""礼"三者关系时已经初步运用了"融通"的思想方法。

焦竑在"道""性"问题乃至在其理论的诸多层面上都存有"融通"意识，是与他的学术理想分不开的。焦竑既不满意当时一些阳明学者空疏的学风和放荡的行为，也对传统儒家学者的皓首穷经不能苟同，加之也不满意一直以来不同学派、宗教之间自以为是的画地为牢，所以，在他的思想中处处可以看到"中行"和"融通"的影子。正因如此，对于刚接触其理论的人来说，容易认为他的思想庞杂而缺少体系性，但如果结合这种思想产生的时代背景来看，那么焦竑理论的难能可贵之处便突显出来了。焦竑思想从不缺乏体系性，简言之，焦竑以"道""性"一体为出发点，以"尽性""悟性""返性"为最终目的，以"中行""融通"为基本方法，实现了对心学与理学、儒家与释道两家思想的整合，进而对宋明之前的哲学思想进行了调和，使其深刻而不极端，并对清代思想和学术的发展起到了很好的启下作用。

儒释道的融通

焦竑认为儒释道融通的条件是它们所阐发的是相同的"道"，而这个"道"便是"性命之理"。三者的指向是相同的，只不过各自产生的背景不同而已，简言之，三教之间的关系是"理同而教异"。

焦竑首先阐发了儒、释融通的思想。焦竑作为泰州学派的一员，在其思想中天然地存有对佛家思想的亲和力。焦竑在考中状元之前也曾经在佛寺中读书，与当时南京地区的很多名僧都有所交往，并且与明末四大高僧之一憨山德清是极好的朋友；在中秘读书期间也对佛家典籍多有涉猎；晚年归乡之后，更是寄情山水，遍访名刹高僧。明代诸多佛教典籍，都将焦竑归为"居士"一类，足见焦竑在现实生活中对佛教是多有接触的，这必然会对他的思想产生影响。

明中叶以后的中国思想家开始以心学为阵地，融通儒、释两家思想。焦竑当然也不例外。焦竑认为儒家在表现"性""仁义"方面与佛家有相通之处，而且儒家与佛家都是遵守相同的人伦规范的。

第一，焦竑认为儒家与佛家都表现共同的"性"。这是焦竑从心学角度上对儒、释二家的看法。在焦竑看来，性是根本。他说："知性则人伦日用不必致力而自当，若本之未立，但逐事检点，即自以为当，只落世儒义，袭窠臼，而与道愈远矣。"而"性"就是"真心"，焦竑认为人们若能够真正体会到这个"真心"，那么便会意识到世间万物无非就是它的体现，而且这个"真心"是不为尧存、不为桀亡的，是需要人们抛去世间俗物羁绊默默体会得来的，因此他说人们需要"自识其真心"。

那么，这就涉及一个"悟性"的问题。焦竑认为在儒家思想中其实早就存在"顿悟"的意识。他曾举《论语》中孔子说的"仁远乎哉？我欲仁，斯仁至矣"的话为证，断定说：其实儒家所主张的"仁"早已经存在于普通人的思想之中，只是一直没有找到合适的契机对之加以体悟，而一旦人们开始想去体悟它时，它便自然地出现在人们的面前。因此，焦竑认为儒家思想中就已经存在"顿悟"的方法了。焦竑认为"倘能回光返照，瞥地一下"进行觉悟，便会发现真正的"大道"其实就在我们眼前，根本不需要苦苦地向自身之外寻觅。可见，在焦竑的观念中"悟性""悟道"是儒家与佛家都共同具备的体道方式。儒家思想的原意是否如焦竑所解释的那样，实在难说，但是焦竑的解释足可证明他对于顿悟之说是持肯定态度的。

所以焦竑主张"释氏之典一通，孔孟之言立悟"。他认为佛家思想与孔孟思想在表现"性"这一点上是一致的，并且两者是可以互相参照的。不能不说焦竑的这种认识在当时乃至在后世都是相当先进的，这也是他"三教融通"思想最有力的证明。在儒、佛思想互证的过程中他取消了两者的优劣之别。他认为："孔孟之学，尽性至命之学也……释氏诸经所发明，皆其理（指尽性至命之理）也。苟能发明此理，为吾性命之指南，则释氏诸经，即孔孟之义疏也，而又何病焉？夫释氏之所疏，孔孟之精也，汉宋诸儒之所疏，其糟粕也。"

正是由于焦竑存在这种先进的"融通"思想，所以他并不同意其师耿定向的主张。耿定向对当时很多人被佛教这种"异学"所蒙蔽极为担心，对此焦竑开导其师说，时人并非被异学所蒙蔽，而是他们没有真正体会"性命"的本质，佛教虽然较晚才来到中土，但其宗旨却与尧、舜、周、孔的思想如出一辙，而且它的大部分思想都是可以在儒家典籍中找到根据的，两者的宗旨是完全相同的。

第二，焦竑认为不仅佛家存有"出离死生"的思想，儒家思想也存有这种观念。在这一点上儒、佛两家所遵从的"理"又是相同的。在焦竑看来，为学不能达到对"性"的认识，便不能称其为"学"，而人们一旦能够"明心见性"了，却不能看透生死问题也不能算作真正的洞悉"性"的含义。

焦竑认为佛教主张生死，是为了导引世俗之人进行修行悟道，人们普遍存在喜生恶死的思想，因为害怕死亡而开始学佛，而一旦他们在学佛过程中得到"觉悟"，便会意识到世间根本不存在生与死的问题，从而达观地看待死亡，也就无所谓"死"了。而儒家也有"出离生死"的思想。焦竑认为儒家所主张的"朝闻道，夕死可矣""未知生，焉知死""原始返终"等都是"出离生死"的表现，只不过后世学者不善于发现其中的道理而已。就是说，人们一旦获得了对"大道"的认识，那么就无所谓生与死了，这也是儒家思想中"出离生死"观的一种表现。

　　与"出离生死"相关，焦竑认为佛家与儒家都有"空"的思想。佛家以"空"为基本教义自然不必多说。焦竑独言儒家亦有"空"之思想，则令人费解。焦竑对此的解释是，"空"是儒家圣人才能达到的境界，到此境界则心中不见一物，处于一种"空空如也"的状态。焦竑认为只有像孔子这样的圣人才能如此。另外，儒家经典中对"空"也多有提及，比如《大学》就是一个例子。焦竑认为，《大学》讲到修身正心的作用时，不是正面谈修身正心可以达到什么样的效果，而是从反面谈起，认为如果不对自己的内心加以观照的话，那么傲惰、忧患、恐惧、好乐这样的负面情欲就会产生，就成了人的"情累"。只有经常对内心进行清理，使之处于"空空洞洞"的状态，各种负面的"情累"才不会产生，进而达到"身不期而修，心不期而正"的境界。

　　第三，焦竑认为儒家的一系列礼仪规范是与佛家的诸多戒律相通的。在焦竑看来两者本身就是异曲同工的，只不过世人多寓于门户之见而不能自拔，以一种自私自利的狭隘思想来看待"异教"。佛教内部也较重视长幼尊卑之别，即使像程颢这样带有儒家特点的心学学者，也曾经感叹佛教的礼仪规范是中国古代"三代"礼仪的再现，称"三代威仪，尽在是矣"。焦竑认为贬低佛家的人往往不知道天下乃是一家，都遵循共同之"理"的道理。这就像是两个儿童互相争论不休，各自认为自家房顶上的月亮比别家都好，殊不知"天无二月"。因此佛与儒在很多方面都是相通的，没有必要褒此贬彼。

焦竑认为儒家之"礼"与释家之"律"是一致的。焦竑的这一观点在《赠愚庵上人说戒慈慧寺序》中表达得较为清晰，认为"释之有律，犹儒之有礼也"。儒家的"仁""义"这些思想是一种内在的品质，其必须通过外在的规范——"礼"才能得以确立，没有"礼"的存在，"仁""义"将失去依托，从而成为空论。而佛家的"律"也是一种外在规范，对佛家的"定""慧"的作用与儒家"礼"对"仁"和"义"的作用是相同的。

进而焦竑认为，佛家"三千威仪，八万细行"就如同儒家的各种伦理规范。两者都是现实人生所必须要遵守的规范，都属于形而下的范畴。儒家主张"克己复礼"，认为将自己的种种私念加以摈弃之后，那么人的一切行为都将是合"礼"的。同样道理，佛家主张"心空"，一旦心空则各种行为也将是符合"威仪""细行"的。可见，焦竑不但认为佛与儒在现实的具体规范上是相通的，而且在形而上与形而下的贯通模式上也是基本相同的。

然而焦竑又是十分辩证的，虽然他认为佛与儒在礼节规范上是相通的，但是并不意味两者可以互相取代。因为佛与儒各自产生的文化背景不同，焦竑称之为"俗"异，所以儒与佛虽然阐发了共同的"道""理"，但是"教"则是有较大差异的，故此，佛家的一些教义和戒律是"不可施于中国"的，同样道理，儒家的一些规范也不适用于佛教徒。焦竑认为，应该在平等的基础上"以西来之意密证六经，以东鲁之矩收摄二释"，互相取长补短，互相利用。与其排斥佛教，不如节取所长而不蹈其敝，从而使儒家与佛家的教义更加具有现实性。

在焦竑眼中，儒释道思想都是相通的，上面主要分析了焦竑如何将儒与佛勾连在一起，下面将主要谈谈焦竑眼中儒与道的会通。具体来说，焦竑认为儒与道相互会通的前提是两者在基本宗旨、出世与入世、有与无等问题上都是一致的：

第一，焦竑认为儒与道的宗旨都是"明道"。他在《读庄子七则》中表示，儒家的仁义礼乐与老庄哲学的核心主张一致，其实都是一种"道"，只不过世间一些俗儒所理解的仁义礼乐只抓住了它们的细枝末节。焦竑称这些人只知其"迹"而不懂其"实"，所以必然导致"执其迹而不知其所以迹，道何由明"，并认为老庄哲学经常谈及"虚无"的观点，其实这也是有益于世道人心的。恰恰在"虚无"中，世间的一切秩序才能更好地得以确立。老子曾说"执古道以御今之有"，这里的"古道"在焦竑看来就是一种"与民休息"的以"无"为治的思想，其与儒家古代圣贤的治民方法是一致的，比如，舜和禹都十分注重减轻人民负担，不轻易劳动人民，这就是道家"无为而无不为"思想的核心。所以焦竑认为儒道两家在基本的宗旨上是相同的，所不同的仅仅在于后世接受者对他们的理解。

第二，焦竑认为无论儒道都是以经世致用为目的的。道家虽然经常讲"虚无之理"，但是此处的"虚无"绝不是万事皆空的意思，在道家看来，无为并不是不为，而是在无为中含有更大的作为。焦竑以庄子"水不杂则清……郁闭而不流，亦不能清"作比，说明"无为"并不是不为，不为就如同水"郁闭而不流"，因此，无为并不是说废事。所以他又指责魏晋清谈者以"无为"为废事，是歪曲了老庄的说法，给后世树立了错误的观念。

焦竑对儒道关系的这种理解带有较强烈的个人色彩。历来认为道家主张"出世"，儒家主张"入世"几成定论，而焦竑却看到了道家"出世"行为的最终目的。虽然老庄哲学带有极强的自我修养性质，但毕竟也存在焦竑所说的"经世致用"的一面，很长一段时间里，人们把老子思想看成是"君人南面之术"就是一个典型的例子。

第三，焦竑认为儒道两家思想中都包含"有"和"无"的观念。道家哲学中对"有"和"无"的论述较为充分，老子就曾将"无"看成是世界的本体之"道"，是一种抽象的虚空，而"有"则是由"道"产生的构成世界的物质性实体，曾言："无名天地之始，有名万物之母。故常无欲以观其妙，常有欲以观其徼。此两者同出而异名，同谓之玄。玄之又玄，众妙之门。"而且又将两者看成一种辩证统一的关系，"三十辐共一毂，当其无有车之用。埏埴以为器，当其无有器之用。凿户牖以为室，当其无有室之用"。"无"是一种"虚"，"有"是一种"实"。焦竑认为，老子所主张的"无"是一种"有之无"而非"无之无"，前者是一种包含"有"的"无"，而非绝对的虚空，并以"无"为"有"的根本，这样即使外界芸芸众生纷扰并起也丝毫不会影响"致虚守静"之根本。而"无之无"则是绝对的虚无，是取消"有"之后的虚无状态。另外，焦竑也认为"有"和"无"的关系与"器"和"道"的关系是相似的，为学之人如果只知道形而下的"器"而不去追求形而上之"道"，那么也是一种迷恋"无之无"的表现。很多儒家经典都对"道"和"器"关系进行过探讨，如《周易·系辞》就说"形而上者谓之道，形而下者谓之器"，并认为两者并非各自为政，是可以互相通变的，称"化而裁之谓之变"，所以焦竑认为，儒家思想中对"道""器"的认识与他的"有之无"的意思相同。

另外，焦竑认为庄子是对老子思想的继承和发展，称庄子对于老子的作用相当于孟子对孔子之作用同等重要。而老子与孔子、庄子与孟子都生活于同一时代，从未有他们互相攻击的明确记载，只不过是后人自以为是的臆想，以为老庄多言"无"而孔孟多言"有"，便猜测两种思想是互相矛盾而互不相容的。

其实在焦竑看来，"孔孟非不言无也，无即寓于有"。孔孟主张"下学而上达"，这本身就是"有"与"无""实"与"虚"的统一，只不过儒家后世学者往往只着眼于"有"，所以，老庄才极力推尊"无"和"虚"，这是"老庄之雅意，而助孔孟之所不及"。表面看来道与器、有与无、上与下、妙与徼是不同的范畴，而实质上它们是"词异而意同"的关系。老庄谈"无"的目的是想要弥补儒家后学的不足，"助孔孟之所不及"。

要之，焦竑认为儒与佛、道两家思想中存有诸多相通之处，这是使儒家思想与佛家思想、道家思想会通的基础。除此之外，在焦竑思想中亦包含对佛家与道家关系的认识，往往将佛、道思想融为一体，以求对二教更为圆通的解释。比如在解读佛家经典《华严经》的时候，尝言"晚而读《华严》，乃知古圣人殊途同归"，使对该经的种种困惑涣然冰释，并进一步解释说："《华严》圆教，性无自性，无性而非法；法无异法，无法而非性。非吐弃世故，栖心无寄之谓也。故于有为界，见示无为；示无为法，不坏有为……举足而入道场，低头而成佛事……"认为《华严经》并非教人远离世教、寄心玄空，而是在"有为"中表现"无为"，展示"无为"的同时也涵容"有为"，并实现两者的统一。这种思想与道家思想中"无"与"有"的辩证关系是一致的，可见，这是一种以道解佛的做法。

综上所述，焦竑以其心学"道性同一"为基点，对儒释道三家思想进行了系统的考察，核心思想是三教"道同而教异"，承认三教在深层义理上是可以互相借鉴的，彼此没有优劣之别。三教自魏晋时便有融合的趋势，很多思想家都试图以一己之力实现这一中国哲学的壮举，直到明末这种趋势在历史波涛中已达到顶峰。焦竑平视三教的思想一方面是中国哲学史发展的必然趋势，另一方面也是这位卓越思想家独特的世界观和方法论的反映，至此儒释道三教实现了空前绝后的大亲近。而这种形而上领域的大融合，对焦竑的现实人生势必会产生影响，这较突出地体现在焦竑的政治思想上。焦竑政治思想的核心是以民为本，其中不乏三教思想的影子。

第 8 章

无为而无不为

——"与民休息"的惠民意识

从朱元璋到朱棣,明朝统治者是以积极而阳刚的形象治理国家的,但到了万历年间,神宗与朝臣的矛盾(主要是"议大礼")导致了神宗皇帝采取消极怠工的态度对待朝政,倾心佛老,不理政务,于是明朝在神宗以后政治日益浑浊,民众怨声载道,阶级矛盾也进一步激化。

焦竑恰恰生活于嘉靖至万历年间,并经历了整个万历朝,焦竑三十四岁时神宗即位,焦竑卒后一年神宗皇帝也离开了人世。可以说,焦竑见证了明代历史的这一转折期。作为一位饱读诗书,并以史学思想见长的思想家来说,焦竑自然更能洞悉历史的发展规律,于是在焦竑思想中便存在一种深沉的以民为本的思想。可以说,对历史的透析体认加之出身下层使得焦竑对民众生活的疾苦异常关注,两者为焦竑民本思想的形成奠定了坚实基础。

焦竑民本思想的核心是"与民休息"。焦竑十分推崇道家"无为而治"的治民方法,认为道家哲学中"无为而无不为"的思想对国家的治理是十分有益的,古代圣人的治国方式并非是有了良好的方略而不加实施,也不是本来没有成熟的方法而仓促强硬地实施，而是"吾无以为之，而民亦无庸于吾为之也"。就是说，焦竑认为真正的"大治"是治国者无须考虑约束的策略，同时民众也不需要治国者多加治理。从中不难看出焦竑的治民思想是带有鲜明道家色彩的。为了进一步说明自己的这一主张，焦竑又曾以"治马"来譬喻治国的道理：伯乐治马通常是对之多加修饰，施以笼辔使之安分地处于马槽和厩栈之间，这样往往会使十分之三的良马毙命。而如果进一步加以装饰并驱策之，往往会有一半以上的马匹死去。所以焦竑同意只需"去其害马者而已"的治马策略，并将这种方法用于整个社会的治理之中，这样便会使民众免遭种种苛政的毒害了。

"与民休息"的治民思想在具体实施中就是要行"实政"。在焦竑看来，行之有效的政治措施是安民立国之根本。在《策问》中焦竑以自问自答的形式连续提出十四个问题，每一问都切中时弊，这些问题都是针对如何治理国家而提出，比如认为治国要善于用人、用兵要有所节制、切勿听信迷信谶纬之术等，而这些措施的最终目的是主张治国要施行"实政"，并且认为实政的最根本特点在于能够"务本"。焦竑认为关心民生、重视农业就是"务本"。

首先，焦竑认为长期盲目用兵必将导致国家贫乏。焦竑虽然是当时的主战派，极力主张抗倭，但他反对没有针对性的盲目屯兵。明代的军屯十分盛行，军队往往远戍他乡，焦竑认为这导致了极大的资源浪费，并以当年秦国能以一己之力抗衡列国相对比，指出"今以百倍秦之势，而无秦毫毛之功"，导致这种现象的根源在于明代军队的供给往往要从内郡调配，而战马又要远从番邦购得，这必将导致"一方用兵而诸边皆困"，劳民伤财而无所收获。

其次，焦竑认为执政者不能只一味地夸夸其谈，而要有当机立断之真才。具体来说，就是要有博物实用之学。焦竑在

《答方金宪》中亦有相同的主张。他认为当时的一些腐儒只知固守书本，而无经世利民的有为之论，可谓"书生无识"。言及一众抚臣，他认为"此辈浅识，非为国深谋"，往往出于一己的利益考虑而不惜更改数百年的朝廷传统。正因为知识分子阶层和官员阶层的自私自利、目光短浅，使得政治方略严重偏离现实，离民众的切身利益就更加遥远了。

最后，焦竑认为国家经济的根本支撑是农业而非军事。国家城池的坚固以及对其他国家的威慑力自然依赖于军事的先进，但城池"无粟不能守也"，军队没有粮食补给也是不能长久的。焦竑认为农业是立国之根本，农民是国家的依靠。自古以来用于军事上的资源往往消耗了大量的农业产出，因此合理地处理军事耗费与农业之间的关系不但决定了国家的经济前景，而且也制约着战争的成败。焦竑说："故国之当厚者无如农，而费农以养者无如兵，兵不可去，则凡可为兵食地者所当讲矣。"就是说，军事虽然耗费了大量财力，但军事又是守国的依靠力量，这就要处理好兵与农的关系。焦竑认为要想降低万里漕运粮草补给军队所带来的消耗，最好的办法是在屯军之地发展农业，这往往会起到一举两得的作用，一方面带动了边境地区的农业生产，另一方面也极大地降低了远道漕运的消耗。其实，这也是明代的一种重要军队补给方式。明代的戍边军队在战时充当主要的战斗力量，而平时则更多地承担农业生产的任务，历史上称这种生产方式为"军屯"。

焦竑"与民休息"的民本思想除了重视政治上的"实政"之外，也使他对农民的看法更加客观，往往能够设身处地地考虑民间实际。如前所述，当焦竑考中状元之时，力阻日照、京师官员为其树立表功牌坊，并建议其祖籍日照的官员以务本为主。另外，焦竑也十分体恤民间疾苦，当各地发生旱灾的时候他多方筹集抗旱款项，并且对此时仍作威作福，不体恤民间疾苦的官吏十分痛恨，认为与"天旱"相比，吏贼横行的"人旱"危害更大，在灾荒之年而无所作为是官员的最大失职，这种失职也是最为可怕的。

这种对民间疾苦的重视在他的著作中时有体现。《焦氏笔乘》卷一有《食货志引孟子》篇，说道："班固《食货志》引'狗彘食人食而不知敛，野有饿莩而弗知发'。盖以丰年不敛，凶年不发为训也。如李悝平籴，寿昌常平，悉本于此。此于时说为长。"焦竑以史为喻，主张体恤民疾，崇尚节俭，丰足之年要懂得节俭，灾荒之年要赈济民众，以长远的眼光治理国家和民众，这样自然能民足而国强。在《笔乘》中与这一思想相关的篇章还有《陨穑》《匏瓜》《桑穀》《戒杀生论》《罗先生论仁孝》《牿亡》《老安少怀》等，尤其在《老安少怀》中焦竑更是十分推崇孔子"无所假"（不劳动人民）及老庄哲学中"小国寡民"的治国思想。

焦竑也是以上述思想为标准对历史人物进行品评的。这主要体现在《玉堂丛语》这部类似于《世说新语》的著作中。如前所述，该书主要以记录明代万历以前人物的言行为主，其中焦竑主要以是否具有惠民意识和节俭的品德作为人物的品评标准，对能够关心民瘼、力行节俭的人物极尽赞许之能事，而对穷奢极欲、鱼肉百姓的官员则大加挞伐。故《玉堂丛语》卷五中列有"廉介"一目，而在卷八中列有"俭啬"一目，这两部分多记载一些品行优良的官员，如在"廉介"目中首先记载了一位明代叫宋潜溪的人，称其人一向以廉洁为主，曾在其门上书曰"宁可忍饿而死，不可苟利而生"。其实这两句话也是焦竑在这两部分中品评人物的主要标准，对那些身居高位而能廉洁自守、索居萧然的清官焦竑都是十分赞许的。

焦竑"以民为本"的惠民思想也是具有体系性的。具体来说，焦竑的惠民思想就是施行"实政"，包括重视生产的务农思想、重视边民的边防思想和善于理财的经济思想。焦竑的农业思想，主要体现在《策问》《国计议》等策论性文章中，他认为施行"实政"最核心的是要"务本"，"本"即农业。由于上文已有谈及，故不再赘述。下面主要涉及焦竑的边防思想和经济思想。

焦竑政治上的边防思想，主要体现在他的抗倭思想以及对边地居民的看法上。焦竑与当时的保守派不同，他力主抗倭，支持戚继光等人的抗倭行动。但作为一代名儒，焦竑又往往能审时度势，具备很高的战术素养，不逞匹夫之勇。据《金陵通传》记载，焦竑"善识时变"，当倭寇侵入朝鲜半岛的时候，由于此地毗邻中国，所以战略意义重大，此时中外皆"争言战款"，纷纷主张决战。但焦竑则认为，朝鲜与中国不同，倭寇之所以能长期侵扰中国边境在于闽、浙一带的居民有通倭之人，并为之充当向导，而朝鲜的沿海居民则与倭寇接触较少并且不十分熟悉，是不会轻易为其充当向导的，根本无须张皇。结果不出焦竑所料，倭寇果然一年之后主动退出了朝鲜，不战而屈人之兵足见焦竑战术素养之高。

焦竑对边地居民又是充满理解的。长期的倭寇侵扰使得东南沿海一带的居民常年生活于水深火热之中，在这种情况下必须对边民多加体恤，攘外必先安内。他在《备荒弭盗议》中曾言"国富民殷，善良自众；民穷财尽，奸宄易生"，认为如果不注重日常的政治措施，而一味行苛政于民，必将导致积重难返，临危而求权宜之计并将贻害无穷，只有良好的内部政治环境才能从根本上杜绝外寇的入侵。当时的实际情况恰恰是，朝廷非常不重视边境尤其是沿海地区的政治和经济的稳定，因此，他不无忧心地说："倭固不至，至亦无益于用也。民贫财殚，不自爱惜，一旦有急，何以待之?"所以在焦竑看来当务之急不在外患而在内忧，内部的政治混乱是导致外敌入侵的最终根源，"家骋其私，人思为政，仆以为可忧者不在夷虏耳"。

与此同时，焦竑对边地"倭寇"的看法又是十分辩证的。明代倭寇频繁骚扰东南沿海，最严重的时候甚至登陆后进攻内地州郡，对明代政治造成了极大威胁。由于明代海禁制度的实施，使得沿海的很多中小商人失去了生活的来源，便铤而走险成了海盗，并与日本海盗相勾结。他们后期逐渐联合一些无所依傍的本地贫苦农民形成了所谓的"倭寇"。现在众多的历史学研究成果已经证明了这个事实。初期的"倭寇"集团中，日本人占10%～20%，到倭寇猖獗的四十年时间，日本人参加的数量是很少的，大部分是中国沿海铤而走险的贫苦边民。这一时期最大的"倭寇王"恰恰是一个叫王直的从事海上贸易的徽州商人，而"真倭"反倒是受中国海盗指挥，处于从属、辅助的地位。导致这一现象的最根本原因正是因为中国政府不恰当的海禁制度，使得众多沿海民众的求生之路受到遏止，进而由商而转为寇。

焦竑认为生活的困苦不仅是导致边境居民成为海盗和倭寇的原因，更是内地盗寇蜂起的重要原因。当他看到内地由于频繁的灾荒而导致哀鸿遍野的事实时百感交集，认为执政者目光短浅，缺乏应对灾荒的长久之策必将导致各地盗贼蜂起，威胁政治稳定。他曾明确指出，统治者要有治理国家的"经远之道"，而不能仅仅满足于暂时性的"权宜之计"，救荒所起到的作用远远不如备荒作用之大。另外，在焦竑看来当时各个行政机关办事效率的低下以及其固有的机械性更会加大灾荒的损失，当饥渴之民正生活困苦、嗷嗷待哺之时，执政者往往还在机械地听取层层汇报，按部就班地商量应对之策，殊不知此时百姓已经半数饿死于沟渠之中了。在这种情况下，势必会有百姓不甘心赴死，与其死于饥寒，毋宁乘机铤而走险。所以焦竑认为正是由于没有应对灾荒的长远计策和预备方案，才"驱农而为盗"；反之，百姓在灾荒之年，有饭可以果腹、有衣可以蔽体，自然不会冒杀身之祸而为盗寇。他同时强调，平时只是一味地向百姓索取，不加以体恤，等到丧失民心而纷纷反叛之时才信誓旦旦地给以"濡沫之利"，也将于事无补，邦国危矣！

焦竑十分重视基层郡县的政治清明，一个国家是由众多郡县组成的，整个国家的政治状况在根本上取决于各个郡县的政治状况。他在《赠印石毕年兄司理新安序》中说"世之谈者患天下之难理，而郡县往往忽而不加之意"，认为治理郡县是治理天下的前提，郡县政治问题的积重难返往往导致治理天下的困难。基于这种考虑，焦竑的边防思想就十分明确了，概而言之，就是重视营造边境地区优良的政治环境，从而最大程度地休息边地居民，恢复经济。

焦竑对于明代经济政策也有自己的认识，其经济思想也是较为进步的。他并非如一般的腐儒，只知皓首穷经而两耳不闻窗外之事。焦竑之所以具备进步的经济意识，是与他的崇尚实用的政治思想分不开的。或者可以认为他的经济思想是政治思想的具体化，也是保障其政治思想得以实施的有效手段，即只有切实可行的经济政策作保障才有可能使诸多政治措施落到实处。因此，焦竑善于理财的经济思想在某种意义上是具有一定现代意义的。

首先，焦竑认为经济的支持是文人生存进而实现理想的前提。出身贫寒之家，为焦竑经济意识的形成打下了基础。据焦竑自称，他之所以执着于科举，是带有鲜明的功利性的，为的是"不愧家声"，继承先祖遗志而光耀门楣。故当其祖籍山东日照之宗人欲为其立牌建坊时，焦竑主张将这笔款项"尽数置祭田一处"，这样一方面可以将祭田的田租支付日常祭祀的开销，另一方面也可以将余款接济同宗的贫困子弟。更为重要的是，这些田产也可以作为自己归隐之后的依靠。由此可知，焦竑经济思想是带有明显的现实性的。

焦竑虽然是有明一代的著名文人，但对物质与精神关系的看法却是较为进步的。如前所述，古代文人一般将物质与精神看成是对立关系，往往精神层面的崇高与现实生活的窘迫是相互伴随的。在《与友人论文》中焦竑在谈论为文之道以后，称当世文人往往"家盖屡空而侈谈崇高之馔"，可见"尚实"思想不但贯穿于他的学术思想之中，而且是其整体思想的根本出发点。尽管现实生活中的焦竑仍然没有处理好物质与精神之间的关系，终身潦倒异常，家徒四壁，但仍不失为一种进步思想的发端。

其次，焦竑认为国家治理的根本在于用人和理财。焦竑的宏观经济思想在《国计议》中体现得较为充分。焦竑认为治理国家首先必须使"财胜事"，而不能"事胜财"，就是说要有充足的财力储备，这样才能将国家大事处理得当，反之，则会因财力枯竭而遇到困难，使国家处于危险之境。他以车、马喻国家的财力，以车、马所载之物喻国家政事，认为只有当马有余力、车有空间的时候才可以自由地涉险渡河。而现实的情况恰恰是统治者尽取四方之财而用之，没有积累财力的意识，在太平年月尚可勉强维持日常用度，一旦遭遇灾荒或战争，则会使国家岌岌可危。用焦竑的话说，这正是"敝车赢马而引丘山之载也"。

焦竑针对当时的经济状况提出了四条对策：第一条对策是应该大量开垦土地。这是焦竑一贯的经济主张。农业是国家经济的基础，是执政者的必务之本。焦竑以商鞅为榜样，认为秦朝之所以能吞并六国，很大程度上在于正确的土地政策，吸纳人力进行耕种，这样不仅百姓富足，国家也有了充足的财力储备，所以最终才能雄视六国。明代嘉靖以后随着商品经济的发展，从事工商业的人数渐增，而从事农业生产人数的比例在逐渐减少，只占总人口的百分之三四十，改业为工商业者则"三倍于前"。于是，焦竑针对当时东南地区人口稠密而西北地区地广人稀的事实，主张移东南之民于西北，这样一方面可以更有效地利用土地来丰富国库，另一方面也可以减少农民因争夺土地而带来的纷争从而防止盗寇的兴起。故焦竑在上疏中称"臣以为移南人以实北地，去狭而就广，田垦税增，实富国振人之要"。事实上，明代万历年间确实兴起了狭乡迁宽乡的浪潮，但由于触动了一些大地主和守旧派的利益，最终这种于国于民有利的尝试受到了重重阻碍，并未收到预期的效果。

第二条对策是合理分配税收。明代各地设立钞关，用于收取来往商贩、商船的商业税，防止其漏税。同时还设有都税司、宣课司等税收机构，征收各种利税。税收所得按用途不同分为本色钞和折色银两类，其中本色钞归内府支配，用于皇宫的各项用度；折色银归入太仓（国库），用于应付国事和财政储备。但万历朝却经常将折色银改用作支付宫廷的开支，结果内宫十分奢侈，却导致国库空虚，无力应对各种突发事件。故焦竑说"臣以为宜从其例（祖例），尽解折色归之太仓便"，建议要严格按照祖宗成法施行，唯有如此才能充实国库，以应对不测。

第三条对策是恢复赎锾（赎金）旧规。明朝旧例，罪犯可以用捐赎金的形式得到从轻发落。各种官阶也可以用捐银的形式获得。所得费用悉数收入国库，充实国库储备，以备灾荒。但事实上，当时各地的赎锾所得大多集中于地方，并且在某种程度上成了地方官员自由支配的款项，上交国库的部分不足十分之三，即使遇到国家大灾这些人也仍然只顾自己不考虑国家，因此焦竑称此时"士习大坏，知营身家不知有民瘼；知急交游不知有吏职"。焦竑主张要恢复旧例，加大对地方官员和府库的考察，地方要上交详细的支出明细，将各种赎金悉数上交国库，以应对国家万一。

第四条对策是节约内宫开支。明朝建国之初，税收中原有"金花银"达百万之多，这些钱款主要用于各级武官的俸禄，如各地发生灾荒也可随机调拨。但后来这些税银中的大部分被用作支付北京内府的花销，结果弄得"公私两贫"，只有内宫用度有增无减。焦竑对这种状况十分愤慨，尖锐地批评皇上，不无讽刺地说："岂皇上以内帑（内府）之财为我之财，而外廷之用非我之用乎？"能够以如此犀利的口吻与皇上对话足见焦竑的耿介与正直。其实万历皇帝与前几代皇帝相比却是极其自私的，深居宫中数十载，内宫生活相当奢华，挥霍的财物更是不计其数。对此，焦竑意味深长地劝诫神宗应该拿出内府的私款充实国库，尽快恢复明朝鼎盛时期的状况，这样做不但可以增强国力，也可彰显帝王的圣明德行。

从上述对策建议可以看出，焦竑对明代经济情况认识相当清楚，其对策涉及的都是当时亟待解决的问题。作为一个学者能有如此精深的经济学修养确实是难能可贵的。他以文人的耿直，将矛头直指神宗皇帝，要求其削减用于玩乐、贵戚和近侍的无谓开销，并主张认真核实内府的逐项支出，尤其在《国计议》的最后，还指责皇帝对待羌胡"如奉骄子"，而对自己的子民则相当漠视，更令人敬佩。由此也足见一代优秀学者的担当意识。

第 9 章

戴着镣铐跳舞
——"文质彬彬"的文学观

　　不可否认，焦竑是受儒家经世致用思想浸染很深的一位学者和思想家。"文学"在焦竑那里并没有刻意为之，兼济天下的中国文人集体无意识在焦竑这里主要是通过涵融的哲学主张、重视实政的政治思想来实现的。所以焦竑表现出"重道轻文"的思想倾向。他在《与友人论文》中开篇即言："窃谓君子之学，凡以致道也。道至矣，而性命之深窅与事功之曲折，无不了然于中者，此岂待索之外哉。……故性命事功其实也，而文特所以文之而已。"从中不难看出，焦竑以其心学思想中的"道""性"为出发点，构成了一个"道"—"性"—"文"的思想体系，并且前两者在焦竑心目中地位较重要，而"文"仅是一种文饰而已。这容易给人一种误解，即认为焦竑是一位如朱熹、二程一样的道学家，而事实并非如此。焦竑的思想较为复杂，其文学主张确实受到了哲学思想的影响，有重道轻文的倾向，但他又并非对"文"不屑一顾，相反，他也利用在文学创作中获得的灵感来弥补哲学思想上的不足并推动哲学思想的跃进，其文学思想中的"性灵"说就是一例。另外，焦竑虽然在主观层面对文学的地位存有偏见，但在客观上，焦竑的诗、词、小品文甚至墓志铭、策论等应制之作都文采斐然，在明代的众多学者和文学家中也堪称独步。如果以儒家的"文""质"观点来衡量的话，焦竑是以状元的丰富内涵来驾驭文学的，这就使其诗文既具备学者的深度同时也不乏诗人的灵动，真正实现了朴拙与优雅的统一。下面将着重从宏观和微观两个层面来考察他独特的文学观。宏观角度主要考察焦竑总体文论思想，微观角度主要探讨其诗、词以及各种应制文的基本创作特点。

焦竑的宏观文论思想

通过前面介绍可知，焦竑思想中存在着"和而不同"的原则。其文学思想也是崇尚辩证统一的，并以其一贯的"中行"方法为指导，体现了身处时代变革和文学潮流变革时期文人的一般特质。具体来说，焦竑的文学观既有李攀龙、王世贞等复古派崇尚格调、重视实用的影子，同时也具有崇尚性灵、任性而发的一面，对后来"公安三袁"的"独抒性灵，不拘格套"之"性灵说"的提出不无启发作用。焦竑的创作主张和文学实践对明代文学思想的发展也起到了很好的承上启下的作用。

第一，焦竑主张质与文的统一。"文"与"质"这对范畴最早是用于对人物风格的品评，后来逐渐被应用到文学领域，两者的关系如何逐渐成了衡量文学作品优劣的重要指标。而最理想的形态就是孔子所主张的"文质彬彬"的状态，其在《论语·雍也》篇中说："质胜文则野，文胜质则史，文质彬彬然后君子。"就文学作品言之，"质"是作品所具备的丰富内涵和可以无限开掘的余地；"文"则倾向于灵动俊朗的文字表达等形式因素。

焦竑仍然没有脱离"文以载道"的儒家文学传统的束缚，但焦竑作为一位阳明心学学者，又与韩愈、柳宗元、朱熹的传统道统论不同，一方面他继承了"文以载道"的形式框架，另一方面又对"道"的内涵进行了偷换。在焦竑这里，"道"的含义不再是儒家以"天人"关系为代表的伦理规范，而更多地倾向于心学中的"性"。这是焦竑对文学之"质"在哲学出发点上所作的限定，认为"世无舍道而能文者也"。

那么，焦竑眼中的"道"源自哪里呢？焦竑认为"道"的承载者便是儒家之"六经"。认为六经是先祖圣贤用以载道的文章，如果后世作文者不能理解和掌握六经之思想，所作之文便言之无物，只能算作用技法堆砌的文字而已。作文者所使用的文学技法无论如何精湛，哪怕到了"巧如承蜩，捷如转丸"的入化之境，最终也要有"道"作为支撑，而此"道"恰载于"经"。

因此，焦竑思想中存在明显的"宗经"意识，认为圣贤经典不但对后世文章大有裨益，甚至对学问、思想的精进也不无帮助；经典与后世学术的关系，好比法家的法令对于治理国家的作用，也恰似医家的医书对于疾病的功效，可谓"字字皆法，言言皆理"，必须奉为准则，不可僭越一步。焦竑认为像孔子这样的圣人尚且"兴于《诗》，立于《礼》，成于《乐》"，晚年仍读《易》而至韦编三绝，后生小子当然更要以"宗经"为为学之门径。

而焦竑的文章之所以给人以优美、典雅的印象在于他也同样重视"文"的重要性。焦竑认为恰当的表现形式是文学不可或缺的基本要素，文学内容一旦缺少了与之相配合的形式因素，便会对意义的完整性、准确性产生影响，因此他主张文意的表达必须在形式上首尾呼应，而且文章整体风格和文气的形成也要依靠结构或形式要素。对此，焦竑提出了互相关联的两个概念"词"和"法"，前者是指构成文章的语言层，后者是建立在语言层基础上的组织结构，两者都属于文章的形式因素。其实焦竑的这种认识已经相当先进了，自《周易》提出"言""象""意"三级概念以来，后世便以这三个层次来统观文学的整体，但不足之处在于中国文论偏于感悟和大而泛之的认知模式，没有对文学的各个层面进行更深入的挖掘。而焦竑的"词"与"法"恰是对语言及语言组织形式的充分认可。文学作为一种语言艺术，语言及其组织形式是文学最本质也是最重要的因素。

焦竑又不是孤立地看待文学的意义因素和形式因素的，一方面他主张"词"与"法"不能离开内容，表面看来这是一种内容决定论；但另一方面他又主张"词""法"与内容应该相得益彰。焦竑高度评价司马迁的《史记》和班固的《汉书》，认为两部史书在"词"和"法"的形式方面相当优美、恰当，而且更重要的是两部史书做到了"华实相副"，所欲表达的意义与使用的语言配合得相当完整，实现了"文质彬彬"的儒家理想。焦竑以此为标准，对唐宋文学都不十分满意，认为唐代文学的通病是"实不胜法"（形式大于内容），而宋代文学则"法不胜词"（语言大于结构）。从中不难看出，焦竑认为最理想的文学模式是内容与形式浑融一体、相互彰显的，而且如果反观当时的文学潮流，则更能体会到焦竑的良苦用心。前后七子"文必秦汉，诗必盛唐"的理想到了后期已经开始走向机械模拟而缺乏新意，文学成了僵化的形式而且所言无物。此种情况下，焦竑重新提到应重视文学的内容要素就显得弥足珍贵，"不能离实以为词法"的理论主张对复古派末流起到了振聋发聩的作用。

第二，焦竑主张复古与性灵相统一。成化至隆庆时期前后七子的复古运动，其出发点是反对统治文坛、陈陈相因的台阁体和道学体，但颇具讽刺意味的是，他们努力一番，最终仍回到了原地，复古派末流往往模拟古人、剽窃古人，令人不忍卒读。之后出现的以唐顺之、康海为代表的唐宋派则对唐宋时期的韩愈、柳宗元、欧阳修、苏轼等人的文风倍加推崇，反对矫揉造作缺乏风骨的萎靡文风，强调"直抒胸臆"，提倡"本色自然"。尽管前后七子与唐宋派之间在理论主张上存在相抵牾之处，但他们的共同旨趣都是推崇文学的骨力，刚劲峻拔的文风成了他们之间的一种潜在标准。可以说，无论文学史的巨轮如何翻转，各个时代对文学风骨的追求都是共同的，所以各个流派对复古的推崇，实质上就是对文学骨力的追求。

与这种复古趋势相一致，焦竑也对先秦以来充满骨力的文学作品十分推崇。比如，在《刻白氏长庆集钞序》中，焦竑称杜甫能在作品中寄托对国家的忧患意识，而白乐天也同样见识广博，往往能词出胸臆，变化万端，在体现"兴寄"这一点上乐天与杜甫不相上下。其实，文章有所寄托恰是"风骨"的重要内涵，故焦竑主张文章应该有所寄托，反对内容的软弱无力和无病呻吟。而在焦竑看来，具备"风骨""兴寄"的文章往往是有补时用的。当他谈到范仲淹的文章时称"文与用离"的现象已经持续很久了，而范氏恰恰能利用文章的功用为时代的大治服务，其为文多是"有为而作"，尽量达到实用之目的，并形象地称这种作用"凿凿乎如食之必可疗饥，药之必可已疾"。

但是焦竑的复古并非一味对古代文风的照抄照搬，他所吸收的是古代文章的风骨之力，并主张为诗作文要遵循一定的"法式"，这两方面恰是其尊古、崇古的重要方面。可以说，这两方面的倾向是焦竑对当时文坛两种倾向的反拨，以"风骨""兴寄"反拨萎靡柔婉的形式主义倾向；以"法式"对受泰州学派思想影响的空疏文风加以纠正。焦竑的挚友李贽就主张应以"赤子之心"为文，尽扫前人羁绊，"夺他人酒杯，浇自己之垒块"。文学内容和形式的空前解放势必会使文学"无法可依"，因此焦竑虽然也有文学应该抒发性灵的思想，但他心目中的"性灵"是与"法式"紧密结合之性灵。

这就需要交代一下焦竑与复古倾向相对而又互为补充的"性灵"思想了。焦竑是一位既吸收了复古思想的内核又开启了公安派思想先河的承前启下式的人物，虽尊奉古人但决不拘泥于古人。早在万历十年（1582）所作的《雅娱阁诗集序》中他就提出了诗歌应该抒写"性灵"的主张，比袁宏道在《叙小修诗》中"独抒性灵，不拘格套"的提法要早很多。他认为古代如《离骚》这样的经典往往是诗人郁郁不得志，怨愤有所郁结，抒发不平之鸣的作品。焦竑认为："苟其感不至，则情不深；情不深，则无以惊心而动魄，垂世而行远。"所以实感带来真情，而人同此心，心同此理，最终令读者惊心动魄。

关于"性灵"说的具体内涵，首先，焦竑"性灵"主张的理论先导是他认为"古之文不以相袭为美"。焦竑认为古代文章之所以能够垂范后世并历久弥新，重要的特质是古人能对成法入乎其内，出乎其外，决不蹈袭前人窠臼。在他与友人的交流中，曾说《尚书》正是不因袭《周易》，《诗经》正是不模仿《春秋》才成就了它们自身的经典性。他以花蜜和美酒为喻，认为今人之作与古人之作的关系好比鲜花与花蜜、麦芽与美酒之间的关系，花蜜与美酒都是脱胎于鲜花和麦芽的，但又能脱去陈骸，自成一体，化腐朽为神奇。

以此为出发点，焦竑自然对当时模拟因袭、唯古是宗的文风表示质疑，尤其对明代弘治、正德年间的一干文人颇为不满。事实上这一时期明代政治日益腐败，外族威胁不断，明初制定并推行的八股文取士制度日益成熟、定型，读书人无暇他顾，唯求一第。这种情况之下，以李梦阳、何景明为代表的前七子开始高举复古大旗，进行文坛改革并期望达到政治改革之目的。对于前七子，焦竑还是较为宽容的，只是说他们抛弃真情而"模古之词句"而已，而对七子后学焦竑则提出了尖锐的批评，认为本来七子已经存在模拟因袭的弊病了，其后学反而又对七子文风加以模拟，本来就没有坚实之根本却想要达到枝繁叶茂，这是不可能的，更不要说获得"可食之食，可匠之材"了。焦竑心中理想的模拟方式是学习古人为文之法和风骨、兴寄，而非一味地照抄照搬，不仅要知道古人之诗，更重要的是要知道古人"所以为诗"，重神而不重形。这便是一种较为科学而宽容的对待古人、古文的方法了。

其次，焦竑的"性灵"说在方法上重视"活法"。这与焦竑对待古人的态度是一致的，不拘泥古人，自然要求为文方法上的创新。焦竑的"活法"就是"法法"，即学习前人的为文之法。尝以学书之法比喻作文之法，称学书之法有二：一为"临"，一为"摹"。"摹"好比木匠建造房屋，栋梁椽子等一切规矩都按部就班地严格遵守"准绳"的限定；而"临"则如鹰击长空，放浪自由，可以按照自己的理解加以发挥，所以"摹得其形，临得其意"。焦竑欣赏的学书之法当然应该是后者。其实这种对"形"与"神"关系的看法古已有之，《周易》与《庄子》中都曾有"筌者所以在鱼，得鱼而忘筌；蹄者所以在兔，得兔而忘蹄"的句子，就其本质来说，就是说"形"与"神"相较而言，后者地位更为重要。只有在透彻理解前人之"意"的基础上才能收放自如，无形而有形，不法而自法。

这样，焦竑的"性灵"便与公安派的"性灵说"有所区别了。公安派的"性灵说"与李贽的"童心说"有些相似，主张自标灵异，不被前人成法所羁绊，抒发真情实感。对于焦竑来说，他的主张则更科学、浑融一些，一方面他赞同对人之真情的抒发，为情而造文；另一方面，焦竑又遵循古法成规，只不过焦竑眼中的古法不是"死法"而是"活法"。在《陈石亭翰讲古律手抄序》中他说："窃谓善学者不师其同，而师其所以同。同者，法也；所以同者，法法者也……彼得其所以法，而法固存也。夫神定者天驰，气完者材放。时一法不立而众伎随之，不落世检而天度自全。"

"法法"即是要求学习古人运思造文的方法，这种方法不可能是固定的已成之法，而是古人之所以获得成功的规律，因为方法可能各有不同，但规律却可能有相似之处。好比百川灌河，虽然每条小溪所流经的流域不同，但相同的是它们都有执着东流的目标和克服险阻的决心。

再次，焦竑"性灵"思想的核心是认为"情性"为文章之本。对"情"与"性"的重视是焦竑"性灵"说的核心。隆庆至万历年间对"情""性"的重视是时代思想界的一种潜在风尚，只不过前后七子的复古余续还在执着挣扎而已。王艮、王畿等阳明学学者继承心学的固有传统，对人的真情实感倍加关注，并将这种在朱熹和王阳明处多少有些形而上性质的概念，下移到普通百姓。在"百姓日用即为道"的形而下观念的影响下，普通人的切身感受受到了前所未有的关注，哲学再也不是高高在上的思想体系，而是对人的日常生活的再度体认。

而就当时的社会生活而言，商品经济的繁荣带来了人们个性的极大张扬。以此为背景各种体现真情实感的作品不断涌现，《金瓶梅》《牡丹亭》及"三言二拍"等作品最大程度地表现了世俗的情感，也最大程度地彰显了文人对世俗生活的热情。

对于焦竑来说，他深深地浸染于这种潮流之中，或者可以理解他作为泰州学派的一员也是这种潮流的领衔者。在他的文论中处处可见重视"性情"的影子，并构成了他"性灵"说的最核心内涵。抒发真情实感的中国文学传统源远流长，贤士的咏叹、思妇之悲吟成就了《诗经》《楚辞》的文学价值。事实上也确如焦竑所说，早在《尚书·舜典》中就有"诗言志"的提法，而且后来在《诗大序》中说得更为明确，称"诗者，志之所之也，在心为志，发言为诗。情动于中，而形于言；言之不足，故嗟叹之；嗟叹之不足，故永歌之；永歌之不足，不知手之舞之，足之蹈之也"。这里的"志"虽然历代学者理解上存有差异，但基本上都是将其理解为"情感"的。

在这一方面，焦竑对魏晋文人非常推崇，在他看来古代文人中如魏晋时人以本色行事，又能以本色为文者实在所见不多。其中他对陶渊明更是顶礼膜拜，甚至"每念其人，辄慨然有天际真人之想"。究其原因，焦竑眼中的陶渊明是一位人品率真，忘怀得失并能够以胸臆之语进行创作的诗人。而其后的各代诗人往往脱离真情，为赋新词强说愁，只求争得暂时的荣誉，这样便导致诗道日微，能够打动人心的作品越来越少。

于是，焦竑以是否表现性情作为衡量作品优劣的重要指标。焦竑认为唐宋两代诗歌存在差异，总体来说唐诗优于宋诗，原因在于宋诗主"义"，而唐诗主"调"；宋诗刻板而偏重于道学，在表达真实性情方面略逊一筹，而唐诗则善于表情，是对人的真性情的表达。焦竑对唐宋诗的差异可谓一语中的，这种差异在当今学界几乎是一种共识了，而其难能可贵之处在于能从性情的角度看待诗歌优劣，可谓慧眼独具。

第三，焦竑主张经世与无功利的统一。焦竑的文学思想较为复杂，存在主观理想与客观实践的断裂。焦竑在主观想法上认为文学是致君尧舜上的工具，对其实用性非常推崇，而在客观的创作层面上，焦竑与大多数优秀文人一样，在诗歌、文章中尽情抒发自己的内心情感，为自己的内心营造了一个栖息的港湾，而这样的作品是无法用"经世致用"的概念来涵容的。

首先，焦竑非常重视文学的经世作用。焦竑十分欣赏中国文学的"讽刺"传统，认为先秦的儒家经典能够起到这种作用。事实上，《诗》《书》《礼》《乐》《易》《春秋》"六艺"确实因为它们鲜明的讽喻性而为后世的社会治理提供了借鉴，因此焦竑主张恢复这种"言之无罪，闻之足以戒"的诗道传统，但往往事与愿违，后世诗歌假言、空言盛行，诗歌成了流连感伤的随性之作，以讽喻为主的六艺传统消失殆尽。故此，焦竑痛心疾首。在前代诗人中，他唯独推崇杜甫，认为其能够"闵事忧时"，力挽狂澜于即倒，其诗歌鲜有虚妄无用之语，甚至认为杜甫的诗歌达到了"动关国体"的高度，被后世推尊为"诗人之冠冕，良非虚语"。与杜甫相似，白居易也是焦竑推崇的对象，原因在于白氏的作品也以讽喻为主，其文章刺世伤时，与杜甫不相上下，"非近代词人比也"。

其次，焦竑的一些作品只是单纯地抒发情感，这与其"经世致用"的文学主张看似矛盾实则互补。如果用当代文学理论术语来形容焦竑思想的这种悖论可以认为，焦竑的文学思想是功利与无功利的统一体。所谓功利在于"经世"，所谓无功利在于"抒情"。焦竑不仅是一位有担当意识的学者，也是一位文采斐然的文人。在有明一代的学者和文人中间能够兼备二者之长的应以焦竑为尊。

由于焦竑出身寒门加之苦难的生活经历，使得他内心情感厚重而低沉。如果说焦竑的众多应制之作以及墓志铭显示的是焦竑学识方面的成就，那么诗歌和小品文则彰显了焦竑内心最柔软的一面。暂列两诗，共赏之：

寒　食

一百五日春已饶，闭门檐溜日飘萧。

尊无绿蚁从欢灭，枝有红英带雨消。

韶景未堪欺蒜发，峭寒浑欲妒花朝。

病余只觉襟期在，昨夜空山长药苗。

自题小像一首

几人高阁画麒麟，丘壑翩翩四十春。

宿世不贪调御位，应缘聊见净名身。

梦残白日双眸豁，老去清风两袖新。

皂帽窥园吾愧否，依稀重睹汉天民。

以上两首诗的大致创作时间应该在焦竑四十岁之后。虽然具体的创作背景不能尽晓，但却可以体会到作者悲凉的心境，韶华已逝，功业未竟，心中无限感伤。两首诗使我们依稀见到一位功名未就者落寞地徘徊于自己的陋室，凭栏自赏春景，而内心却在矛盾和自责之中挣扎。

由上可知，焦竑的文学思想中确实存在一种自觉的"功利性"，更存在一种不自觉的"非功利性"。对于焦竑文学思想的这一特点，他的门生陈懿典所言非虚。在为焦竑文集所作的序言中，陈懿典说："虽其（焦竑）精神所注，在大道与经世，而不在于为文，乃感触酬应，发为诗文，积久益多。"而且据焦竑自称，他年轻时"一直以举业萦怀"，并不是很在意诗歌、文章的写作，只是聊作消遣而已。到了晚年考中状元之后，阅历日深，也接触了更多的古代雅文，才洞然了解"为文之法度"，并对当时社会盛行的剽窃、模仿之作不屑一顾。

焦竑这种经世与文学非功利的统一，不仅是其文学创作的一大特点，也是其整个人格、人生的重要特点。故此后世往往以"真儒""通才"来称呼焦竑，认为他实现了"理学""文苑"和"名臣"的完美统一。

第四，焦竑实现了文学与生活的统一。焦竑虽然对经学、理学、史学、考据学都投入了较大精力，但与其生活关系最为密切的则应该是文学。古代文人在日常生活中抒情赋诗、吟风弄月是一种普遍现象，焦竑也不例外，所不同的是焦竑除了抒情性诗歌和小品文之外，还大量写作传记、碑铭、祭文、序跋、策论、学术笔记、表、启等各种文体的文章。可见文字与文学伴随其生活的方方面面。

焦竑文学作品所涉及的内容也相当广泛，甚至可以认为尽读上述文体之文章就可以了解焦竑的日常生活。其中以他的书信最具代表性。"书"在古代是一种专有文体，用现代术语来说，是介于应用文、记叙文、议论文之间的一种文体。优秀的书信不仅是言之有物的交流工具，更是一种富含文采的美文。书信是古代社会交流的主要工具，焦竑的书信往来十分频繁，仅在《澹园集》中就收录其用于互相应答的书信一百一六十封之多，而且这些书信只是焦竑众多书信中较具代表性的作品而已。这些书信不仅交代了焦竑与朋友的日常生活情况，更为重要的是它们记载了焦竑与朋友的学术交流与探讨，是了解焦竑思想特点和思想发展的重要资料。比如在与其师耿定向的往返应答中两人不断谈到彼此的学术分歧，其交流的频率也是众人之中最多的，他们的书信几乎是两个人思想发展的最通俗蓝本。除了书信之外，焦竑的传记、碑铭、祭文等在其作品中所占的比重也相当大，而且除了应用性之外，这些文章都颇具文采，称其为文学作品绝不为过。据此可知，焦竑的生活是一种文学化、文雅化、学术化的生活，丰厚的学养加之难掩之才情使得焦竑达到了信笔成文的程度，而且其日常所作往往思想、学识、文采三者完整统一，真正实现了文学与人生的整合。

综上所述，焦竑文学思想是质与文、尚古与性灵、经世与抒情、文学与生活辩证统一的结合体。如果说上述四点从横向角度展示了焦竑思想丰富性的话，那么对文学传统之承继性的认识则从纵向角度表现了他思想的深刻性。焦竑的学术思想和文学思想中都存在一种深刻的通变意识。就学术思想言之，他认为为学之人应该涵容古今，不被时代风习所限。他以古与今国家形态的不同设喻，认为上古三代国君胸怀博大，眼光放在天下万物之上，不限于狭隘的地域之间；到了春秋战国时期，则开始以地域的观念来看待国家；而到了宋与南北朝时期则处处设防，往往独守一隅而不相往来。学术亦是如此，由原来的博物浩大之学术已变成自言自语、单调狭隘的雕虫之技。焦竑认为为学之人应有一种博大的胸怀，因为"物不通方则国穷"，"学不通方则见陋"。事实上，焦竑本人恰是一个学贯古今、胸怀博大的硕儒，他对前人"叶音"说的批驳足见其思想的深刻和目光的敏锐。

就其文学思想言之，他的思想与《文心雕龙·时序》"文变染乎世情，兴废系乎时序"的观点如出一辙。焦竑讽刺弘治、正德年间的文人没有通变意识，一心只知模拟复古，往往弄得貌与神离，内容与形式结合得不伦不类。焦竑说，这就像三峡和龙门峡的雄伟美丽不在于它们的名字本身，而在于其中的风光山石等景物，而后世不知此理，一味称赞两峡之美，殊不知时过境迁，自然景物已与旧时不同，两峡之美自然与过去有所区别。文学的变化与此相似，要与时代和世情相结合，才能成就文质彬彬的文学潮流。故此，焦竑以发展的眼光看待文学自身的变化，打破了当时复古派封闭的文学观，为明代中后期文学的发展起到了拨雾导航的作用。

对焦竑各种文体的微观考察

焦竑虽不专意为文，但信笔之作却难掩才情，他的诗词、散文、公文都别具一格，实现了思想、学识、文采的统一。身处各种文学潮流风起云涌的时代，不仅能喟然独立而且能兼综各家所长，对明代中后期文学的发展起到了一定的作用。

焦竑的诗

焦竑的挚友吴梦旸对其诗歌有过恰当的评价，称其诗"为古之正始，唐之大历"。正始是魏齐王曹芳的年号（240～248），文学史上通常用正始文学代指魏朝后期的文学，此时社会动荡，玄学开始盛行，文学上的主要代表人物是嵇康和阮籍，他们本身便是玄学家。正始之音已与建安时期刚健豪迈的文风不同，抒写个人忧愤、寄托深远的诗歌开始增多。而唐末的大历诗风与正始之音极为相似，经历过"安史之乱"的空前战乱，当时诗人普遍存有一种孤独寂寞的心境，加之唐代社会佛道思想的盛行，使得这一时期的诗风以淡远宁静为主。从时代特点来看，焦竑生活的明中后期社会与魏之正始、唐之大历非常相似，经历了"土木之变""议大礼"等事件的洗礼，加之积重难返的奸相、宦官政治，使得明朝在嘉靖皇帝以后便开始走向衰落。焦竑恰是生活于明中后期社会，如此的政治环境加之焦竑出身贫寒和屡试不第的苦闷，使得焦竑诗歌的整体感情基调以低沉徘徊为主。这样的诗歌除了前述的《白沟河》《寒食》和《自题小像》等作品之外，最具代表性的应是《述感六首》，暂列一首于下：

> 一隔穷泉无见期，斑衣还忆去年时。
>
> 残机夜雨丝丝泪，团扇秋风字字悲。
>
> 朋旧尚存鸡黍约，门人欲废《蓼莪》诗。
>
> 春来垄上松千树，目极伤神那复知。

"穷泉"此处代指坟墓，"斑衣"是古代子女取悦父母所穿的衣服，《蓼莪》是《诗经·小雅》中的一篇，为孝子在征役期间不能奉养父母的感怀之作。这是一首伤己感时之作，面对物是人非、亲人逝去的现实，诗人感到十分伤感，好在朋友之间尚存鸡黍之约，可以把酒言欢，晚辈也对自己较为恭敬，这些都使诗人的感伤情绪有所排解，但即便如此，面对春天生机盎然的青松，仍然感到一种莫名的伤感。可以说，诗人的"伤春"情绪最终来源于仕途坎坷、功业未建的苦闷，而这种苦恼除了眼前高洁的青松又有谁能理解呢？诗中"残机夜雨丝丝泪，团扇秋风字字悲"句尤见功力，将悲伤、无助的情绪写得极为到位，而且对仗十分工整，足见焦竑的诗学修养。

　　焦竑诗风与正始和大历诗歌相似的原因除了情感基调的相似之外，另一个原因在于焦竑是以心学学者的身份为诗。而魏正始时期玄学盛行，唐代又是佛道与文学结合异常紧密的时代，使得正始诗风与大历诗风都染上了哲学色彩。焦竑也是如此，作为阳明心学泰州学派的学者，在其诗歌中经常可见心学的影子，所以焦竑在其诗歌中经常可见对"性情"的直接抒发。这样的诗歌如《与邦师克明、汝教鸡鸣寺看后湖作》《寄宏甫二首》等，而最具特色的应是这首托物言志的《盆菊吟》：

> 林莽萧疏岁欲阑，霜华射地明琅玕。
> 藕花梦冷鸳鸯浦，白榆摇落西风寒。
> 盆菊君看开正小，锦石高云相照耀。
> 翠色离离秀可餐，浮香的的寒仍峭。
> 翻羞桃李当春生，浅白青红剩有情。
> 连枝无那妖娆态，一夜空惊风雨声。
> 高人避喧来海峤，静女无言偏窈窕。
> 时逢金令意转佳，移向玉堂看更好。
> 幽姿不与凡卉争，灵气曾延千万龄。
> 青霞绛阙有时去，岁寒且缔同心盟。

　　这首诗虽为咏物，实则是焦竑对自己人格的形象展示，不畏严寒、不慕荣华，任世事变迁，仍傲然独立，让外界的风雨磨砺自己独立不羁的人格，虽无傲气但傲骨则不可一世。自古吟咏菊花之诗不胜枚举，焦竑却没有"掉书袋"式地引经据典，模拟故常，字字含情，句句独创，从中不难发现后来公安派的影子。

除此之外，焦竑钟情佛道，经常游历禅房、禅寺和名山，这使得其吟咏这些题材的诗歌较多，而这类诗歌恰恰也体现了焦竑深厚的心学（尤其是佛学）修养，这也是焦竑诗歌与正始、大历诗风在哲学上相似之处的最集中表现，如《同李比部永庆禅房小集二首》便是一例，暂列一首如下：

> 化城围野色，空翠落秋阴。
>
> 与客开香积，谈玄傍竹林。
>
> 梵天留宴坐，花雨助清吟。
>
> 一酌那为贵，因之披素襟。

寄情山水，与山野、竹林为伴体悟自然本真，在如梦的清秋时节吟咏酬唱，这种快乐哪能是一般荣华富贵所能比拟。这种人与物化的天然意境与唐代"诗僧"王维之《山居秋暝》何其相似，无怪乎焦竑同窗好友黄汝亨评价其诗歌时称"诗则陶（渊明）、韦（应物）为质，王（维）、孟（浩然）为神"。焦竑这样的诗歌还有很多，如《和渊明九日闲居》《崇化寺》《龙泉庵》《夜坐》等，在这些诗中诗人追求的是一种"空"和"寂"的心灵状态，诗人对世事纷争已经相当厌倦，对昏暗的政治局面更是心有余而力不足，只有在山水中寻找些许慰藉，体会心灵的满足感了。《夜坐》便表现出这种倾向，同时也可以看到焦竑与王维在精神深处的相似之处：

> 客喧随夜寂，无人觉往还。
>
> 愁心淹独坐，桂子落空山。

上述黄汝亨对焦竑诗歌以"陶、韦为质，王、孟为神"的评价又反映了焦竑诗歌的语言风格特点。概而言之，焦竑诗歌的语言风格以清新、质朴为主。无论是陶渊明、韦应物还是王维、孟浩然都是以"自然"为诗歌的最终旨趣，不仅在诗歌的神韵、意境上质朴无华，而且更重视语言的清新自然，陶渊明《归园田居》、韦应物《滁州西涧》、王维《山居秋暝》、孟浩然《春晓》无不是将日常生活、日常语言加以诗化处理的典范之作。事实上，焦竑对陶渊明等人的学习也是十分自觉的，他有诗云："千古陶潜逝，何人更闭关？世情看白发，吾道独青山。"焦竑的诗歌也是以意境、意象的质朴和语言的清新为特色，而绝无雕琢斧凿的痕迹，如《题梅花坞老圃壁上》：

> 壮岁飞蓬过，浮名春梦空。
> 惟余看花兴，还与少年同。

全诗平实如白话，建功立业的远大抱负已与春梦一样消失得无影无踪，现在只有"看花"的兴致仍然不减当年。表面看来这是诗人在观看梅花时对自己现实状况的描写，实际上则反映了诗人对世间"真"与"美"的体认，时光流逝，浮华消尽，真正能与宇宙同存的恰恰是人们心中那份"真"与"美"。令诗人感到高兴的是自己能够一直保持这种情怀，不以物喜，不以己悲，与万物合而为一。统观焦竑诗歌，这种既蕴藉深远又清新自然的句子比比皆是："愁心淹独坐，桂子落空山"（《夜坐》）、"白云自往还，相见窗户里"（《题黄伯举一几轩》）、"何当长此观心坐，茶燕炉熏午夜同"（《涌泉庵》）等等。

清新、质朴的语言风格表现在焦竑的很多诗歌中，尤其是五、七言古诗往往非常散文化，甚至在句式上出现五、七言杂出的现象。暂举《送蒋道力还漳州》前几句为例：

> 朝登承明炉，夕归沧海崖。
> 人生得意岂不乐，一日思亲生白发。

忆昨战胜长安日，动地香名喜堪挹。

....

　　这说明焦竑古诗并非纯粹意义上的古体诗，其形式较为自由灵活。另外，焦竑还在很多古诗中用韵，这便有点像齐梁时候古诗的特点了。笔者认为这是他追求本色语言和自由表达的努力，也恰恰昭示了焦竑质朴、自然独特的语言风格。

　　焦竑诗歌的题材相当广泛，按反映题材的不同，其诗歌可分为送别诗、感怀诗、题赠诗、写景诗四大类。

　　送别诗在焦竑诗歌中的数量很大，据笔者统计，仅在《澹园集》与《澹园续集》中现存作品就有九十余首。焦竑一生交友广泛，每有分离则赋诗相送。这些诗往往感情真挚，寄托对友人的情思，如《送别》《送李比部》《送梅景灵之丹徒》等，虽然很多友人的名字无法确切考证，然而焦竑对他们的深情厚谊却是明确的。

　　感怀诗是焦竑用于抒发内心情感的主要途径。成长环境、社会环境、政治环境的不尽如人意使得诗人内心十分苦闷，诗歌成了焦竑排遣内心苦闷的主要手段。焦竑利用这类诗歌或者与师友探讨学术感悟，如《寄宏甫二首》《读史四首》等；或者表达内心的伤感、矛盾，如《初还退园作》《秋雨言怀》《述感六首》等。

　　题赠诗包括焦竑游览名胜之作，也包括其日常交往的礼节性作品。题赠诗又可分为题诗和赠诗，前者如《题董望峰逸老堂一首》《题顾侯明月轩二首》《题黄生大有山房》等；后者如《云池篇赠王子美明府》《赠李先生十六韵》《寄李子弼一首》《赠邹二尔瞻谪戍贵州》等。这些作品不仅反映了焦竑日常游历的情况，也体现了他日常交往情况。在焦竑诗文集中，题赠诗的数量与送别诗相当。

　　写景诗是焦竑写景状物的一类诗作。此类诗歌绝大部分是单纯写景，而且往往针对一时一地的景物进行集中描绘，经常以组诗的形式出现，如《和余学士金陵登览诗二十首》中便对南京的牛首山、凤凰台、雨花台、清凉山、栖霞寺等古今闻名的二十处名胜一一赋诗，对这些名胜的古貌今颜概括得十分恰当。这样的组诗还有《杜日章烟驾园八咏》《毗山园杂咏二十首》《奉同黄郑二工部高民部游城北诸山赋得三首》等。

焦竑诗歌不仅题材丰富，而且其诗歌形式也较为多样。概而言之，焦诗的形式包括古诗、律诗和绝句。古诗分为：四言古诗、五言古诗、七言古诗；律诗分为：五言律诗、五言排律、七言律诗；绝句包括五言绝句、六言绝句、七言绝句。其古诗古朴自然，风格神似汉代乐府诗；其律诗不事雕琢，神似王维而形似陶潜；其绝句自出胸臆，清新自然，有王、孟遗风。

焦竑的词

焦氏的词数量不多，目前所见仅在《澹园集》和《澹园续集》中存四十三首，清朱彝尊《明词综》录其词二首，民国初年赵尊岳所辑《明词汇刊》收焦氏词四十余首，中华书局版《全明词》收焦氏词四十首。去其重复收录者，至多不过一百余首。

焦竑的词实用性较强，其词带有明显的为应酬而作的痕迹。其中最大的用途应该是用于贺寿，仅在《澹园集》和《澹园续集》的四十三首词中，祝寿词便有二十五首之多，接近总数的三分之二。另外，送别和题赠也是焦竑为词的重要目的，而抒怀词则数量较少，但却最能体现焦竑的深厚学养。

就贺寿词而言，虽然数量最多，但并无佳作。大多数贺寿词无非是对对方的溢美之词，一般都会有希望对方长命百岁的句子，如"飞琼不必鼓灵簧，添个仙郎来举万年觞"（《虞美人·寿王守原母》)、"待从君小饮,八千余岁,共庄椿寿"(《水龙吟·徐松山七十》)等。除此之外,在贺寿词中也不乏焦竑对人生的感悟,这可以算作是此类词中艺术成就最高者,如《水调歌头·薛鉴泉六十》:

> 万事成一笑,不用苦思量。君看此时几许,事业令人忙。富贵傥来何物,一似儿童斗草,无处好争强。输却薛老子,白首任徜徉。
>
> 狮山畔,泉如鉴,酒为乡。好约舞裙歌扇,日夜对潇湘。五十九年皆梦,何似醉眠风月,吟弄少年场。人生行乐耳,记取鬓毛苍。

"万事成一笑,不用苦思量"大有"小舟从此逝,江海寄余生"的洒脱,执迷于世间功名利禄,只会使自己身心俱疲。与其如此,毋宁及时行乐,免得垂垂老矣而"空悲切"。这是焦竑对薛翁的劝诫,更是自己经历了世事浮沉后的深切感触。

就送别词和题赠词而言,前者往往寄托作者对时事多艰的叹惋,如"举目狼烟迷四野,东南民力今方竭"(《满江红·送李韶州》);后者则多为对题赠之物的颂扬和褒奖,亦不乏对所赠之人的溢美之词,这样的作品有《壶中天·题松苓桂子图赠李明府》《雨中花慢·题三教会宗图》等。

而最能体现焦竑文采和学识的当属其抒怀之词。这类词往往咏怀古人,以古人的英姿华发反衬自己的碌碌无为,从而抒发英雄落魄之悲和物是人非之哀。在这方面焦竑与苏轼是有相同之处的,"多情应笑我,早生华发"是两个人共通的英雄情怀,在焦竑的词作中以东坡为标的的痕迹相当明显,如《念奴娇·咏蟹次东坡韵》:

> 新秋雨足,喜今年,又见水乡风物。忆昔瓮头人不见,一笑猛惊邻壁。满谷壳堆金,双螯劈玉,味胜经霜雪。尊前检点海鲜,君是魁桀。

114

还想口中雌黄，胸中甲胄，空有雄心发。吴越兵
戈指顾间，眼见横行俱灭。何事龟蒙，区区作志，校
量争毫发？世情如梦，持杯且问明月。

唐陆龟蒙曾作《蟹志》一篇，高度赞美蟹从沟渠努力入
江，又从江河之中努力赴海的积极进取精神，借以劝喻读书之
人应志存高远。这首词上阕描写新秋获得肥蟹的喜悦，下阕则
以蟹况己，"空有雄心"而没法实现胸中抱负，最终只能像东
坡一样，将满腹愁肠寄托于明月，"世情如梦，持杯且问明月"
与东坡"人生如梦，一樽还酹江月"如出一辙。

可见，焦竑在苏轼身上获得了情感的共鸣，这种情感不仅
包括建功立业的英雄气概，更有对宇宙人生的哲学思考。焦竑
有词名为《念奴娇·己巳中秋》，无论吟咏的景物还是通过景
物生发出的人生哲理都与苏轼《水调歌头·明月几时有》十分
相似：

水晶宫殿，尽深沉，几见阴晴圆缺。何似今宵来
海上，一片团圆皎洁。吸尽琼浆，攀残玉树，况是寰
中桀。徘徊眺望，满怀泪对清彻。

为想此夕从来，几人吟赏，转首都消灭。过眼蚊
虻那足问，谁个肝肠如铁！我欲乘槎，扶摇天上，逸
兴方超绝。倚阑长啸，一声吹断横笛。

"几见阴晴圆缺"与"月有阴晴圆缺""我欲乘槎"与
"我欲乘风归去"十分相似，而且都是通过对明月阴晴无常的
吟咏，表达所思所感；所不同的是，苏轼最终感悟到的是"千
里共婵娟"的永恒真理，而焦竑词的结尾则更多了一分豪迈。
之所以焦竑对苏轼的词较为青睐，应该是因为两人都是学者、
哲人，所以胸中所思能有几分共鸣吧。

总体言之，焦竑在作词方面并未投入全部精力，所以焦词
整体水平并未有所突破，数量不多，而且题材相对狭窄，与其

诗歌和文章成就相比略逊一筹。

焦竑的文

　　焦竑的得意门生陈懿典在为其文集所作序言中有一段议论，大意是："儒"从产生之日起，便是对能够会通天、地、人"三才"之人的称谓，但后世往往将三者分而述之，所以世间便出现了所谓的"道德之儒""功业之儒"和"文学之儒"的分别。而且三者互相轻视，文学之士以文章作为经世致用的工具，并以为文作赋为务，而学道之士往往以雕虫小技视之，谈道讲学不再重视辞章的重要性。陈懿典的这段话言外之意是认为其师焦竑恰是能兼备三者的大儒，故在序言的最后称焦竑是"理学""文苑""名臣"合而为一者。陈氏所言虽有溢美之嫌，但形容焦竑学术、文章之特点却也并不为过。

　　与前后七子、唐宋派以及后来的公安派文人不同，焦竑并非专意为文，其志在经世致用，但这一目的的达成恰恰就是通过对各体文章的利用。焦竑兼善各种体裁文章的写作，可以细分为敕、疏、论、策、议、铭赞、启、书、序（较多）、碑、记、题跋、论、传、墓表、墓志铭（较多）、祭文、诔、行状等，而且数量颇丰，其留存下来的文章不下千篇。具体言之，可以将诸多体裁数量众多的文章按题材分成四大类：传记、墓志、公文、学术笔记。传记包括焦竑为同时代人写的众多传和记，另外其人物小品集《玉堂丛语》也可归为此类，传记是焦竑史学与文学成就的完美结合，也是最能体现焦竑文章特色的精华部分；墓志和公文多是焦竑用于交往和公务的文章，实用性大于文学性，同时带有一定的时代特色和政治色彩；焦竑还曾为他人著作写过众多的序言和题跋，这在某种程度上是对自己学术思想的再阐释，如果称这些为焦竑的宏观学术思想的话，那么学术笔记《焦氏笔乘》则是其宏观学术思想的具体化。下面将主要从传记、墓志和公文、学术散文几种文体考察焦竑文章的独特之处。

第一，焦竑的传记文章。焦竑是隆庆至万历年间的著名学者，其文章成就堪称独步，所以当时下到市井上到公卿，以能得到焦竑的尺寸文章为荣耀。当时著名学者李贽就曾主动请求焦竑为自己写传记："兄（焦）于大文章殊佳，如碑记等作绝可……然则卓吾居士传何可少缓耶?"李贽因为焦竑迟迟不为自己作《卓吾居士传》而不断催促他。这足见焦竑传记文章在当时地位之高，而之所以如此，在于焦竑的传记的确有其特出之处。

首先，焦竑笔下的人物多是道德品质高尚之人。道德品质的高下是焦竑衡量人物优劣的主要标准，其笔下的人物或者是一代学者，或者是一时豪杰，或者是潦倒书生，都具有相似的品质，如孝顺、忠义、友善等等。其为友人万达甫所作的《万纯斋传》就非常典型，叙述完好友的生平经历之后，笔锋一转："君性孝友，事鹿园公（其父）、母方夫人备极色养。其殁也，居倚庐，不饮酒食肉者三年，祭奠则彷徨涕泣，视始丧时无异也。鹿园公遗妾无嗣君，曲奉之以康其老。事庶兄谦甫，礼恭而恩笃。从弟廉甫，幼孤食贫，君成就之者甚备，卒以有立。他所知以急告，虽无赢余，未尝不倾囊以济也。"

在焦竑所作的传记中，普遍都遵循一个相同的模式，即首先交代所传之人的出身、经历，文末必然列出其优良品格，并大加赞赏。另外，焦竑除了高度赞美仁、义、孝、悌等儒家传统道德品质之外，他对淡泊名利、持节守志之人也是相当敬服的，因此，这也成了他赞美的对象。其在人物小品集《玉堂丛语》中专列一目，名为"恬适"。内中记载了当时名士如吴文定、杨士奇、杨慎等人的逸闻逸事，这些人或者不事权贵，或者任性自然，或者生活简单，在饮酒赋诗、酬唱应对中过着十分率意的生活，与魏晋时期阮籍、嵇康等名士"目送归鸿，手挥五弦"的洒脱诗酒人生十分相似。字里行间，焦竑对这些人十分钦佩和羡慕。事实上，焦竑晚年尽管屋室萧疏，但却游览名山、著书立说，自得其乐，恰是这种内心情愫的具体实践。而明代文人这种继魏晋风流之后的洒脱也构成了中国文学史一道十分特殊的风景线。

其次，焦竑的传记文章都文采斐然，表现为他较重视为文之技巧。这一点在以叙事为主的传记文章中表现突出。在这方面焦竑借鉴了《左传》《史记》等传统叙事文学的叙述技巧，往往在展开人物事件的叙述之前先设置悬念，引人入彀。最为突出的例子是《邵孝子传》，此传并未落入平铺直叙之俗套，在介绍"邵孝子"之前，先列出他的四个儿子，曰："孝子子四人，曰杰，王国典仪；曰庶，太仆卿；曰兼，京兆别驾；曰樵，詹事府儒士。而太仆最贵。孝子以太仆贵，封刑科右给事中，尊显矣。邑乘列之'孝子'，邑人亦称孝子。孝子云，举所重也。"

只闻其声，不见其人，通过交代他儿子的成就和别人对"孝子"的褒奖，引起读者的兴趣，为后面叙述做好铺垫。

焦竑另一种经常采用的叙述方式是先总说后分说，即先高度概括所写之人的各方面成就，然后具体言之。在为一个叫彭文质的人所作的传记中焦竑就采用了这一方式，开篇即交代："其人盖收摄身心，恬养性命，蝉蜕于尘滓外者。及年跻八十，丰神矫健，绰约如少壮。属纩前，无少病苦状，经旬不火食而已。至没，而异香七日不散，岂不飘飘乎其仙哉！"

这段带有神秘色彩的文字，最大限度地吸引了读者的阅读兴趣，为正文的展开做好了准备。这种处理方式虽多少有些超现实的因素，但却是叙事文学不可或缺的成分，即使优秀如《左传》《史记》《汉书》这样的叙事作品也往往使用这种手法。

而焦竑也有意识地对《史记》《汉书》的叙述方法加以借鉴。这也构成了焦竑传记文章的最显著特点。司马迁《史记》一般在文章的结尾会有"太史公曰"一段，用于发表自己的评论，这种方法在班固写《汉书》时也加以吸收，并在结尾有"赞曰"一段，作用与"太史公曰"相仿佛。焦竑对这种叙事方法加以继承，在每篇传记之后亦有一段议论、评价性质的文字，为引起注意，段首直接使用"史氏曰""论曰"或者"太史氏曰"这样的字眼领起。可见，焦竑直接吸收了《史记》《汉书》的叙述方法，这一方面可以看出焦竑作为史学家、文学家对古代作品的熟悉程度，另一方面也表现出焦竑自视颇高，不仅能如太史公一样对所传人物进行评价，而且也要在形式上采用与古代史书相同的模式，丝毫不以自己为后学而缺乏自信，其学术抱负可见一斑。

再次，焦竑笔下的人物都生动传神。这一点在其人物小品集《玉堂丛语》中表现得十分突出，它与南朝刘义庆专门记录魏晋名士逸闻逸事的故事集《世说新语》非常相似，在形式上也借鉴了《世说新语》的体例，比如《世》之前四目按孔门四科而列，为"德行""言语""政事""文学"；《玉》也仿效之，前四目为"行谊""文学""言语""政事"，只是将"德行"改作"行谊"，而其大意仍是相同的。除了这四目之外，还有"赏誉""豪爽""俭啬"等目次都是相同的，而且都采取将正面褒扬的目次放于前面，而负面贬斥的目次放于后面的相同体例。

鲁迅在《中国小说史略》中评价《世说新语》"记言则玄远冷隽，记行则高简瑰奇"，笔者认为这种褒奖用于形容《玉堂丛语》也不为过。其对不同人物的描写虽侧重点有所不同，但有一点是相同的，即都重在表现人物的特点，通过独特的人

119

物言行描写，突出人物的独特性格，使之生动传神，跃然纸上。他经常通过语言描写来塑造人物，如《任达》一目中记载一位名为崔子钟的人，喜好狂饮，经常早起踏月而饮，每次饮至百杯，则高呼："刘伶小子，恨不见我！"有时焦竑也通过人物行动来展示人物性格，如《忠节》目记载一位叫陈性善的人，深得建文皇帝赏识，后来因领兵战败，"性善愧忿，衣朝服，跃马入于河以死"。有时也通过侧面描写的方式来塑造人物，如《容止》目中有一位叫王祎的人，焦竑并没有对其进行正面刻画，而是通过他人的感受来塑造他，称"人初见之，若不可近，及接之，听其言，情意蔼然，恨知之晚"。除了娴熟地运用上述描写手法来塑造人物之外，焦竑也经常用夸张的手法漫画式地刻画人物，如《险谲》目中绘声绘色地描写了徐有贞的阴险狡猾："英庙有意江南买办，徐有贞度不可言，将入对，谓学士薛瑄曰：'予若多言，恐忤上意，若度稍可，从后触止之。'瑄以为信。然语半，伺其后，有贞即大声曰：'薛瑄欲有所言。'上问：'言何事?'瑄仓卒无所对，即以江南买办一事言之，上不悦。"这段文字将徐有贞的奸猾和薛瑄的憨厚刻画得惟妙惟肖，在两者对比的同时收到了一种喜剧效果。综上，焦竑不但很好地借鉴了《世说新语》等古代名著的体例，而且在人物刻画方面对这些优秀作品也多有借鉴，使得他笔下的故事可读性更强，人物变得栩栩如生。

第二，焦竑的墓志和公文。墓志和公文是焦竑用于交往和公务的文章，墓志主要包括神道碑、墓表、墓志铭、祭文、诔、哀辞等各种文体，其中数量最多者为墓志铭；公文是对敕、疏、论、策、议的统称，其中包含焦竑大量的政治主张。

首先，焦竑的墓志类文章实用性十分突出。焦竑文集中此类文章占据比重极大，仅在《澹园集》和《澹园续集》中就存此类文章不下二百篇。之所以焦竑如此留意这种文章的写作，是与明朝正德、嘉靖年间的文章庸俗化倾向一致的，为长者求寿词，为死者求行状、墓志几乎成了一种时代风尚，哪怕作传者与传主并不相识也可为之，正如归有光在《陆思轩寿序》所称："东吴之俗，号为淫侈，然于养生之礼，未能具也；独隆于为寿。人自五十以上，每旬而加，必于其诞之辰，召其乡里亲戚为盛会，又有寿之文，多至数十首，张之壁间。而来会者饮酒而已，亦少睇壁间之文。故文不必其佳，凡横目二足之徒，皆可为也。"不可否认，焦竑的此类文章是与这种时代大风尚有关的，只不过状元出身的焦竑用其出众的文采掩盖了内容的庸俗和贫瘠而已。

真正能体现焦竑文学水平的应该是他为熟识之人所作的墓志铭和祭文，它们表现出了焦文典雅厚重的风格特点。其中最具代表性的是焦竑为恩师耿定向写的祭文，通篇以韵文写成，共分六段，每段都情真意切，且都是以"呜呼哀哉"作结，沉痛之情溢于言表，兹节录两段于下：

> 某也何知，师顾不鄙。匪手携之，言提其耳。诲我则师，视实犹子。负笈从游，三及师里。戊子一迁。忽承凶问，且愕且呼。哀诚奚诉，肝胆几枯。呜呼哀哉！

> 爰从同心，为位以哭。一恸何从，百身难赎。惟相砥砺，师志是续。持以报师，庶几无辱。我愧古人，生弖一束。奠章写心，涕泪盈掬。呜呼哀哉！

（《祭耿天台尊师》）

通观全文，不由使人扼腕，焦文内含真情，感激耿定向对自己的知遇之恩，也表现了师生之间犹如父子的深厚感情，悲痛之情令人痛彻心扉。这样的祭文还包括《祭史惺堂先生》《祭沈霓川座师》《祭潘朝言》《亡室朱赵两安人合葬墓志铭》等，这些篇章中焦竑将自己的悲痛之情处理得含而不露，没有声嘶力竭的呼号，始终以一种沉郁的方式娓娓道来，将厚重的感情蕴含于平静的叙述之中，真正符合了儒家哀而不伤的文学传统，无怪乎《明史》评价焦竑时称其"善古文，典正雅顺，卓然名家"。

其次，焦竑的公文实现了质与文的完美统一。焦竑的主要政治思想和经济思想大多表现于他的各体公文之中。从内容角度来看，焦竑诸多政论文的核心观点是要求统治者实行实政，为民造福。在这一思想的指导下，焦竑政论文在内容上体现出如下几方面共同之处：

其一，指陈弊端十分尖刻。文如其人，焦竑耿直的个性在文章中表露无遗，经常不留情面地指责朝政的失误之处，在《因旱修省陈言时政疏》中指责导致民不聊生的根源不在于"天旱"而在于腐败的朝政带来的"人旱"，朝廷官员人浮于事，自私自利，使得天下处于危险之境。同样，在《备荒弭盗议》中指责朝廷只顾眼前利益而没有长远备荒之策，加之朝廷办事效率低下，使得灾民增多，盗匪横行。甚至，焦竑有时将指责的矛头对准皇帝本人。在《国计议》中直接指出皇上生活过于荒淫，加之自私自利，只顾享乐不顾国家，并尖刻地讽刺说："岂皇上以内帑之财为我之财，而外廷之用非我之用乎？"

其二，焦竑为增强文章的说服力，往往以史为鉴。表现为在行文中或者引用《尚书》《国语》《春秋》等古代经典作为说理之根据，如在《恭请元子出阁讲学疏》中便以《礼记》关于儿童开始就学年龄之规定作为太子出阁讲学的根据；或者以圣人、先贤的行为作为说理根据，如《论史》即以司马迁、班固治史的过程说明选择优秀修史之人的重要性。

其三，焦文逻辑清晰，思辨性极强。往往条分缕析，步步为营，最突出的例子是《谨述科场始末乞赐查勘以明心迹疏》。针对别人对自己的无端指责，焦竑对对方论据各个击破。首先论述自古文无定评的道理，然后说明作弊考生的试卷并不是自己负责的，最后针对收取贿赂的指责，指出自己并无私产，何来贿赂。读罢此文，令人拍案，整篇文章论证丝丝入扣，无懈可击。另外，《论史》《国计议》两篇文章也都论证十分严密，条理清晰，表现了焦竑擅长思辨的一面。

焦竑政论文在形式上词语凝练，不乏文采。由于公文用途的特殊性，大多数是直接呈奏皇帝参阅的，因此，这类文章往往较凝练精悍。焦文不仅如此，凝练之余也不乏文采。在《廷试策》中有这样一段话："臣观人君之于国，必有所与立。上之率乎下也为纪纲，则君之所以提挈振举之谓也。下之化于上也为风俗，则世之所为渐摩成就之谓也。乃纪纲之所繇立，风俗之所繇媺，必有具焉。有礼则上下辨，民志定，而收天下清静宁一之功；有法则寇贼息，奸宄宁，而杜天下倍畔侵凌之习。有率作屡省为礼法之本，则礼严于无体，法威于不怒，而神天下潜移默化之机。此其尊卑有等，上下相承，纪法立而风化行，繇此出也。"这段话不仅逻辑严密，而且句法整齐，对仗工整，尤其"有礼则上下辨，民志定，而收天下清静宁一之功；有法则寇贼息，奸宄宁，而杜天下倍畔侵凌之习"更是这样。将其与古代名篇等量齐观也并不为过，焦竑师弟黄汝亨就曾评价其文曰："本原《六经》，错综'三史'，法韩（愈）、柳（宗元）而铲其奇，达曾（巩）、王（安石）而铲其蔓。"

第三，焦竑的学术散文。如果说焦竑的政治思想和经济思想主要集中于其公文中的话，那么其文学思想和学术思想则主要体现在他为别人著作写的众多序言之中，其学术笔记《焦氏笔乘》也具体地运用了这些思想。

首先，焦竑学术散文的突出特点是破立结合。在众多学术性序言中，焦竑一般是先指陈现实的学术弊端，然后阐释自己的认识。这样的例子如《重晖堂集序》，首先指出弘治、正德年间复古派的弊端："剽夺模拟，而本真弗存，苟驰夸饰，嚣声钓世"，认为以前后七子为代表的复古派因袭模拟，沽名钓誉，这几成整个文坛之弊。进而他主张："夫摄弓而求羿，不如引臂而彀率，循监而扪形，莫如内照于灵府。"特别是后一句意味深长，与其通过镜子去捉摸形状，毋宁相信自己的内心。这恰是焦竑性灵说的基本思想，后来为公安派所借鉴。

其次，涉及内容十分广泛。与焦竑丰富的学识相关，他的学术散文涉及的内容非常广泛。可以是关于历史的，如《古史序》；可以是关于经籍的，如《刻两苏经解序》；可以是关于文集的，如《竹浪斋诗集序》；可以是关于儒家的，如《春秋左翼序》；可以是关于佛道的，如《刻大方广佛华严经序》《盘山语录序》《老子翼序》《庄子翼序》，等等。焦竑并没有专门的学术论文，他的史学思想、经学思想、儒释道三教融通的思想几乎都可以在这些序言中找到影子。

最后，《焦氏笔乘》是焦竑思想的具体化。焦竑思想虽然驳杂，每一方面的学术成就都有专门著作，但《笔乘》可以看成是这些学术思想的最集中展示，因此其学术地位不可小视。焦竑自称此书是其"读书之暇"的读书笔记，带有较大随意性，"随所见闻，辄寄笔札"，因此其中反映出的学术倾向应该是最本真状态的。一般认为，该书集中体现了焦竑考据学方面的思想和成就，其中包含大量焦竑对古代典籍、山川名物的考订，材料非常充实。但也有大量的其他方面思想的体现，如《仲修劝读论语》虽然表面看来只是记述了赵仲修与李彦平的一小段谈话，但在仲修劝说李彦平细读《论语》的谈话中，却包含了焦竑各方面的思想倾向。如仲修说："所谓学者，非记问诵说之谓，非缔章绘句之谓，所以学圣人也。"体现了焦竑思想中复古、宗经的一面；然后又从治国方面证明《论语》的重要性，引用论语中"敬事而信，节用而爱人，使民以时"的句子说明之，其实这也是焦竑政治思想的缩影。

另外，《焦氏笔乘续集》中还有焦竑对《论语》的解读八十条、对《中庸》和《孟子》的解读各八条。其中除了对儒家礼乐思想的再认识之外，更重要的是他十分关心这些经典中关于"心""性""命"的论述，并从心学角度对这些经典语录进行解读，可以说这是焦竑心学的思想基础。除此之外，焦竑还在随后的《支谈上》《支谈中》《支谈下》中系统地阐释了自己三教合一思想，认为儒释道都是谈"性命之理"的，而"释氏之典一通，孔子之言立悟"，并十分明确地说明了自己的学术旨趣："学道者当尽扫古人之刍狗，从自己胸中辟取一片乾坤，方成真受用，何止甘心死古人脚下！"

从上可知，虽然清代四库馆臣对该书颇多微词，甚至说它是"剽窃成书"，但学术笔记自然要有所摘录，难能可贵之处在于焦竑在已有材料基础上阐发自己的观点，表明自己的学术倾向。因此该书在焦竑著作中学术地位相当重要，是焦竑思想的浓缩版本。

第10章

从心性之学走向求实之学

——焦竑的史学与考据学贡献

　　焦竑是一位通才型的明代大儒,首先是思想家,进而为学者、政治家和文学家。因此,在了解了焦竑主要的心学思想之后,本章将重点介绍焦竑作为学者的学术贡献和思想特点。在学术领域,其最突出的贡献是在史学和考据学方面的成就。焦竑的史学、考据学与心学是相辅相成的,心学的灵活加之史学和考据学的严谨使得焦竑可以大胆怀疑并且小心求证,这一点焦竑要比固守典籍,不敢越雷池一步的清代史学和考据学学者进步得多。

焦竑的史学贡献

　　明代的史学并不十分发达,由于建文帝以来频繁的内部争斗,统治者不得不想办法掩盖自己的不正当行径,并期望得到后世的赞美。因此,明代被号称"国史"的《明实录》存在严重失实情况,很多史家在统治者的淫威面前不得不选择屈服,其中对建文帝的做法更为极端。建文帝在位四载,后被叔叔朱棣迫使退位，并神秘失踪，但《明实录》中却将这段历史隐去，以便承认明成祖朱棣的合法地位，可见史家最终屈服于政治的压力。不仅如此，明代还将史馆与翰林院合而为一，其中虽然仍设修撰、编修等史官，但其作用却远不如唐宋之前，充其量仅仅是有名无实的闲散职位而已。面对这种情况，明代中期以后的很多有识之士主张重修国史，以便使明代历史更为充实而客观，焦竑恰恰亲历其中。

由于焦竑学识渊博加之为人诚实厚重，因此，焦竑得中状元之后非常受当时首辅王锡爵和礼部尚书陈于陛赏识。后来陈于陛上疏建立史局，欲重修国史，便邀焦竑共同完成此项工作，此年焦竑五十五岁，在此期间他写了《论史》《修史条陈四事议》等史学论文，其中存有大量焦竑的史学观点。两年之后修史副总裁陈于陛病逝，加之次年史馆又遇火灾，前期准备的大量史料付之一炬，修史工作不得不宣告结束。但在此期间焦竑则搜集了大量珍贵材料，为撰写《国史经籍志》《国朝献征录》作了充分的准备。

焦竑极富史才，一生著述、编纂了大量的史学著作。据现存目录学著作可知，署名作者是焦竑的便有《熙朝名臣实录》（此书未见）、《焦氏藏书目》（此书未见）及《玉堂丛语》《国朝献征录》《国史经籍志》《两汉萃宝评林》等，而其中影响最大也是最为后人认可的当是《玉堂丛语》《国朝献征录》《国史经籍志》三部。因《玉堂丛语》体例模仿《世说新语》，以人物传记为主，加之在上一节已有所介绍，故不再赘述。下面主要介绍两部经典之作《国史经籍志》和《国朝献征录》，以及它们的学术贡献，从中不难窥得焦竑的史学思想。

《国史经籍志》共六卷，从万历二十二年（1594）焦竑进入史局便开始搜集资料，最初目的是为修国史而作，其性质相当于《汉书·艺文志》，是对产生于明代及其之前书籍名称的总录。在三四年的时间中焦竑十分高效地完成了六卷，后来史局解散，此书的修撰便搁浅。经过反复修订，于万历三十年雕版印刻发行。

《国史经籍志》在体例上仍采取经、史、子、集四部分类法。属于史志目录，凡是历代目录书中所列书目悉数收录，因此其中很多书籍在明代已经亡逸。除此之外，该书在经、史、子、集四卷之外，首卷为制书类，下列御制、中宫著作、记注时政、敕修四目，总体上是对明代帝王或皇室著作的记录。该书最后一卷为纠缪卷，用于批驳辩证《汉书》《隋书》《唐书》《宋史》等前代史书中所列艺文志的错漏之处，另外也对《四库书目》《崇文总目》、郑樵《通志·艺文略》、马端临《经籍考》、晁公武《郡斋读书志》等目录中的分类错误加以纠正。

首先，焦竑的四部分类之法是对《隋书·经籍志》和《通志·艺文略》体例的继承和发展。按经、史、子、集进行四部分类始于《隋书·经籍志》，焦竑不但吸收了这一目录学成就，而且还专列制书类。虽然在《隋志》中就有将帝王之作列于四部各个子目之首的现象，但还没有将这些著作单独成目，直到杨士奇《文渊阁书目》才开始将王室之作列在四部之首，单独成目。焦竑《国史经籍志》便采取了这种体例，使分类更为条理清晰。

与此同时，《国史经籍志》也吸收了郑樵《通志·艺文略》的分类方法。《通志·艺文略》虽然没有采取四部分类法，而是采取十二分法，但是其在每个部类之下又细分子目。在这一点上焦竑是与郑樵相似的，《国史经籍志》在经部之下分为十一小类，史部之下分十五小类，子部之下分十六小类，集部之下分五小类并附有诗文评。而且《国史经籍志》也与《通志·艺文略》在所收书目的广博程度上极为相似，后者收录之书从天文地理到山川风物，从自然到社会几乎无所不包，焦竑亦

128

是胸怀博大，所收书籍以广博为主，甚至许多书籍在明代只存其名。当代学者姚明达称："在目录学中，惟焦竑能继郑樵之志，包举千古，而力不足胜其任，故为《四库》所讥也。"通过前半句足可见郑樵对焦竑的影响，至于后半句下文将具体解释。

其次，《国史经籍志》中的小序学术价值极高。目录之学自汉代刘向、刘歆父子《七略》以来源远流长，虽然不同时代的不同目录学家存有一定的差异，但基本思想都是一致的，即章学诚所说的"辨章学术，考镜源流"。通过目录学著作读者不但可以知道不同时代的著述情况，而且还可以从中洞察学术的演变情况，甚至也可最快捷地了解著作的主要内容和得失情况。之所以目录学著作有如此作用，在于体例上的独特性。具体来说，一般的目录书由篇目、叙录和小序三部分构成。篇目即相当于后世纸质图书的"目录"，用于概括一本书的章节安排等内容；叙录用于考察、叙述作者的生平以及作品的大旨和得失情况；小序则大多用于叙述一家一派的学术源流。自从宋代雕版印刷术普及之后，书籍重印情况十分普及，所以自此之后的目录学著作中往往又多出版本一项，用于考察版本流传情况，至明清尤甚。

其中小序部分的价值尤为突出，自《汉书·艺文志》和《隋书·经籍志》以来多继承这一传统，但其后的很多目录学专著则将小序部分省去，严重影响了目录书的参考价值。到了焦竑《国史经籍志》则又重新使用小序之体，而且其中内容往往涵盖叙录的功用。全书在每一小类之下分别列有小序，加上制书部一篇小序和子部中天文家中的天文、历数两篇小序，共有四十九篇。这些小序内容不仅包含焦竑对各个流派学术渊源的认识，更重要的是其中含有许多焦竑自己的学术见解。例如卷二《乐》部序曰：

《汉志》以礼乐著之六艺，皆非孔氏之旧也。然今所传《三礼》为汉遗书，而乐六家者不可复睹矣。窦公《大司乐》章既见于《周礼》，河间献王之《乐记》亦录于《小戴》，则古乐亦不复有书，而诸史相沿，至取乐府教坊、琵琶羯鼓之类以充乐部，而欲与圣经埒，可乎？虽然，今之乐犹古之乐也。儒者睹礼乐崩坏，痛为惋惜，不知贾人之铎，谐黄钟之律，庖人之刀，中桑林之舞；牧童之吹叶，闺妇之鸣砧，悉暗与音会，乐故未尝亡也。

这段话不仅记载了古代乐论典籍以及古乐的流变情况，而且能以一种通变的思想看待今乐与古乐的相通之处，并在下文中反复说明古与今时代已经发生了改变，古代的金、石、丝、竹、土、革、匏、木等乐器已被今天的不同乐器所取代，古乐与今乐的区别不在于这些乐器方面的差异，而在于是否能够体现雍容典雅、乐而不淫、哀而不伤的儒家风范。可以说，这种认识对拘泥于古音而不重视客观实际的很多学者无异于当头棒喝。这种在考镜源流之后对自己学术见解的发表在《国史经籍志》的大部分序言中都可见到。这些序言无论对于考察焦竑的学术思想还是了解当时整个时代的学术风尚都是十分有益的。

最后，《国史经籍志》也存有较大缺陷。上面曾提到清代四库馆臣对焦竑此书多有讥讽，原因在于焦竑一味地求全，试图模仿郑樵《通志·艺文略》，广录诸书。因此《国史经籍志》中有大量书目是与《通志·艺文略》相同的，并且对所录书籍未作认真考证，以至于很多书籍明代已经亡逸，这与焦竑在小序中反复提到该书是记载当时现存之书的说法严重不符。针对这一点《四库全书总目提要》对其指责尤为尖锐，认为该书"丛钞旧目，无所考核，不论存亡，率而滥载，古来书录，惟是书最不为凭"。公正地说，四库馆臣的这种说法是带有较多政治因素的。

清代文字狱十分盛行，文人为文稍不注意即被附会成灭门之祸，对于明代遗留下来的书籍则是多加禁毁，四库全书修撰之时更是如此，很多书籍即使有幸被收入四库之中，也多经四库馆臣修纂，内容有较大出入。而焦竑作为明代大儒，又是闻名一时的状元，所以四库全书收录焦竑的著作极为有限，《国史经籍志》也未被收录。而在《四库全书总目提要》中四库馆臣对焦竑著作的评价也是极尽诋毁之能事。

客观来说，焦竑此书虽然有失准确，但如果能结合时代背景来看待焦竑此书，则会发现此书是在新旧两种史观激荡之下的产物，虽然有意识地追求客观实录，但也不可避免地受到了明代中期主流史观的影响。史学自宋代灭亡之后直到明代中期之前便处于一种十分低迷的状态，整体上处于一种空疏、保守的风气之下。明中期也是如此，据著名明史研究专家葛兆光介绍，明代中叶，社会经济的繁荣、生活的安定舒适，使相当一部分乡绅士大夫养成了爱写书刻书的习惯，他们尤其爱写野史稗乘。而理学家空谈心性风气的侵蚀，又使他们养成了"束书不观"的陋习。各种野史纷纷流传开来，好异求奇成了整个时代的风尚，即使被目为"国史"的《实录》也多被篡改。在此种情况之下，以王世贞和焦竑为代表的史学家开始有意识地广泛采集史书，期望通过对历史上存留下来著作的整理来改变以"空"为主的时代学术风尚。

焦竑的另一部代表性的史学著作为《国朝献征录》，该书也是焦竑在明史馆准备修国史时所辑。"献征"即为"征考文献"的意思，当时并未成书，罢官之后陆续增订，刻成于万历四十四年（1616），共一百二十卷。是明代重要的人物传记总集，收录了上迄洪武年间下至嘉靖朝二百余年的历史人物三千多人，这些传记取材相当广泛，包括地方志、家乘、野史、墓志铭、神道碑、行状等等。由于该书最初是为修国史所作的准备，所以其在体例上除了没有本纪部分之外，其余都按正史的规范组织。

由于焦竑身处翰林院，可以接触到众多的皇家图书，加之该书记载的对象为本朝人物，所以其史料是较为真实可靠的。全书主要以官爵为安排篇章之根据，将宗室、戚畹、勋爵、内阁、六卿及其以下各官按品级高低分类标目，这部分占据该书的大部分篇幅。对于没有官职的人物，则按照孝子、义人、儒林、艺苑、隐佚、寺人、释道等目分别记载，最后以胜国群雄、四夷二传作为结束。

该书作为一部人物传记总集，所收录的内容具有极高的参考价值，成书之后反响强烈，据焦竑的好友顾起元说竟然达到了"学士大夫，向往此书，借观至于简谕，传写为之纸贵"的程度。对于后世而言，该书也是了解明代人物生活的重要参考文献。具体言之，其贡献在于：

首先，《献征录》保存下来许多墓志铭、行状、别传等原始史料，极大丰富了明史研究资料。《献征录》以材料的丰富著称，即便对同一个事件、同一个人物也要尽量穷尽所有材料，如据向燕南在《焦竑的学术特点与史学成就》中考证，在为王阳明作传时，焦竑不但收录了王世贞撰《新建伯文成王公守仁传》的内容，而且又收录了《封爵考》和《耿恭简集》中的有关内容。对于传记中所引用的众多资料尽量注明出处，并在众多材料中还有主次之别，通常情况下以一种或两种材料为主，同时节录其他材料作为补充，如在记述明代开国名将徐达时，除全文收录御制《徐达神道碑》和黄金《开国功臣铭·徐达》外，又附录了节录的《李氏藏书》内容。

其次，《献征录》所收材料是后世正史的重要史料来源。

由于焦竑等人修史工作中途夭折，明代国史便非出自明人之手，后世所传《明史》系清人张廷玉编撰完成。时代的变化，历史的更迭，使得后世所修明代正史在材料选择上存在诸多问题。在这一点上，《献征录》由于材料丰富，恰可以弥补《明史》之缺陷。据考证，《献征录》是后世史家修明史的重要根据，谈迁所修《国榷》，博采史家之长，材料颇丰，其中也大量引用了《献征录》的内容，而且曾任《明史》总裁官的徐乾学在所著的《读礼通考》中也将《献征录》列为"引用书目"。甚至《明史》中的《张瀚传》和《吴良传》也是分别删改《献征录》中的《吏部尚书张恭懿公瀚传》和《吴良神道碑》而成。

再次，《献征录》的很多记载可以对正史进行纠谬。由于焦竑一向以修"信史"为治学宗旨，所以他对《明实录》中的很多隐晦之处和删节之处都信笔直书，在《献征录》中收录了很多这样的内容，进而纠正了明代国史中的很多舛误之处。焦竑在《献征录》卷一、卷二分别列有《庆王传》《宁庶人传》和《汉庶人传》，这些传记中含有记载安化之变、宸濠之乱和高煦之叛的大量内容，这些内容在一定程度上揭露了统治集团内部为争夺皇位而进行的残酷斗争。而这些事件恰是统治者最为忌讳的内容，明代正史很少记载。另外，由于《明史》为清人所修，这就导致其中含有许多个人和政治因素，进而对很多史实、人物的评价进行剪裁和曲解。从这一角度来讲，《献征录》恰可以与《明史》互相参校阅读。

最后，虽以官爵安排目次，但贵贱统收，反映出一定的民本思想。《献征录》虽以官爵品第来安排前后目次，但其涉及的官员层面相当丰富，既有权倾朝野的王公贵戚，也有默默无闻的地方官吏，甚至包括十三个行省和南北直隶的一些职官。更值一提的是，在全书的后九卷则全部记述一些没有官爵的孝子、义士以及隐佚之人的事迹，而且单列出"胜国群雄"一卷，其中记载了为明王朝建立作出贡献的许多默默无闻之士，这也充分体现了焦竑治史的指导思想："当贵贱并列，不必以位为断。"

综上，如果说《国史经籍志》是对明代及其以前著作情况加以记述的话，那么《国朝献征录》则是记载明代各色人等的传记总集。两部史书一为记书，一为记人，充分反映了焦竑异常全面的史学才能和修养。从两部史书的编撰、篇目的安排上不难看出焦竑史学思想的独特之处。可以说，两部史书是焦竑宏观史学思想的具体运用，而最能体现焦竑宏观史学思想的，莫过于他的几篇史学论文，姑列于下。

当初焦竑初入史局，针对修史的诸多问题，相继撰写了《论史》《修史条陈四事议》等论文，所论皆深得要领，在《修史条陈四事议》中他认为修史的当务之急应系于四事：

首先，是"本纪"如何书写的问题。在焦竑看来，既然是修国史，就应当客观地据实记录历史。即使像建文帝朱允炆这个明代史家不愿提及的短命之君，也要如实记录，对待景泰两朝的皇帝也应如此，所谓"国可灭，史不可灭也"。

其次，是"列传"如何书写的问题。如按明朝旧例，只有三品以上的大臣才可以列为列传。对此，焦竑认为应该首先考察一个人的德行，然后才确定是否录入，不能机械化地只按照一个人的官职来确定，"当贵贱并列，不必以位为断"。而且不但要录入忠臣义士，也要顾及奸佞之徒，"当善恶并列，不必以人为断"。要求治史者尽量减少主观臆断，以客观公正为最终目标，切忌"褒贬出之胸臆，美恶系其爱憎"。

再次，是要求修史者要称职。焦竑认为，以往修史之时，有很多学行不足者，靠投机奔走等方式充数史局，这是修史的大忌。修史成员贵精不贵多，除了少数急缺人才如通晓星历、乐律、河渠者可以选入，其他人则"绝当谢绝"。这样既可保证史书的质量，也可节约费用。

最后，焦竑建议应当恰当地管理图书。这包括两方面的工作，其一是大力在民间搜寻书籍。遇到好的民间藏书，如果主人愿意上交国家，则应当付款购之，若不愿，则应抄写两份，一份藏于翰林院，一份藏于国子监，以备修撰诵读之用。其二是要善待书籍，对上述两处的书籍，要经常稽查，如遇"放失如前者，罪之不贷"。

与《修史条陈四事议》相类似，《论史》也谈到了修史过程中任用恰当人才的重要性。焦竑认为："修史不得其人，如兵无将，何以禀令？"除此之外，更为重要的是修史切忌多人参与，这样会令论调前后不一，进而影响史书的整体倾向性，他认为古代如班固《汉书》和欧阳修《五代史》这样优秀的史书之所以能藏之名山，并可传之百代，很重要的原因在于这些史书出于一人之手。相反，两人的另外两部史书《白虎通》和《新唐书》质量则差，原因在于并非全部出于两人之手。因此，焦竑认为史官不但需要有丰富的学术积累，并且还要能甘于寂寞，可坚持二三十年从事治史工作，故一定要选人得当。

通过焦竑的上述两篇史学论文，不难看出他对修史工作十分谙熟，最重要的是有一份对事业的热爱深藏胸中。焦竑所谈到的问题恰是针对当时浮躁、空疏的治史风尚所提出，现实性极强，不但为清代乾嘉学派以考据为主的史学思想开宗导航，而且也在一定程度上含有史学经世的思想萌芽，这也避免了陷于考据之中不能自拔的极端做法，对清代章学诚等人史学思想的形成也不无借鉴意义。

焦竑的考据学贡献

明代中后期对中国考据学的发展异常重要，考据之学最早萌芽于汉儒，用于对先秦儒家典籍微言大义的解读，一向以追求客观、实际地解读经典为目标。但考据之学发展到宋明时期，则脱离了这一传统。虽然以二程和朱熹为代表的宋儒也较重视对章句的解读，但他们是以一种先入为主的方式进行这项工作的，或者说宋儒的章句之学在很大程度上是为其哲学思想寻求理论根据的工具，考据成了哲学思想的附庸。到了明代，阳明心学开始盛行，其学术宗旨中的重要部分是反对宋儒对章句之学的迷恋，特别重视个人"心""性"在考据学中的作用，久之，这种以心读经的做法导致很多学者一味追求个性和标新立异，从而使得整个明代学术呈现出"束书不观"的态势，而且这种空疏学风严重影响了古代经典的传承。

针对这种情况，明中期以后很多优秀学者开始有意识地回归以实证为主的考据学传统。其中开风气之先的是杨慎，他一生著作等身，在考据方面尤为突出，代表著作如《丹铅总录》《谭苑醍醐》《古音丛目》《古音略例》等，他的考据思想和考据方法对焦竑影响极大。在杨慎之后，明代中后期出现了很多考据学方面的大家，除焦竑之外还有王世贞、胡应麟、张遂、陈第、朱明镐、周婴、方以智等学者，他们共同为明代考据学从空疏走向实证，从狭隘走向广博，作出了巨大贡献。

焦竑的考据学成就较具代表性。焦竑的哲学、政治学、文学、史学都以崇尚实学见长，这些方面都是与他的考据学基础密不可分的。焦竑的考据学著作主要包括《焦氏笔乘》《焦氏笔乘续集》和《俗书刊误》，其中所考据的对象在纵向上，上起先秦，下至明代；在横向上，包括经学、史学、哲学、博物、典章制度、金石文字、目录版本等许多方面。《俗书刊误》共分十二卷，主要考订字音、字义的讹误，一至四卷按照字的音韵排列，以后诸卷分别考证字义、骈字、字始、音义同字异、音同字义异、字同音义异、俗用杂字、论字易讹等内容。字音、字义之学在当时虽然不被重视，但焦竑却看到了研究的必要性，在《俗书刊误》的序言中焦竑便认为，一直以来学者一味追求空疏的心学，而肆意解读经典，导致其中十之六七是错误的，因此通经学古必须要找到合适的工具，这种工具好比渡河涉川之津筏。《焦氏笔乘》与《焦氏笔乘续集》是带有学术笔记性质的考据学著作。据焦竑自己回忆，其中的大多数内容是他日常读书时遇到疑惑之处的心得体会，该书是焦竑学术思想倾向的具体化，从中可以找到大量焦竑在《澹园集》中阐发之学术思想的例证，这些例证中最多的当是对古注、今解的错漏之处的考订。

上述诸书所反映的内容涵盖了焦竑考据学成就的诸多方面。主要包括以下几方面：

对文字进行考订。古书由于时代久远，在传抄过程中时常会出现文字脱、衍、盗、误等现象，这就带来了后世理解上的困难。因此，后世考据学家都非常重视对文字的考订，焦竑也不例外，但由于明代中期考据之学刚刚兴起，还没有形成系统的理论体系和学术规范，所以焦竑对文字和字音的考证还是以笔记体的形式出现的，记载较为零散，多是在读书过程中发现问题便随笔记录，然而不可否认其中很多考证确实具有极高的学术价值。焦竑对文字的考证包括字义和字音两个方面。

考证字义方面的文章，《汉儒失制字之意》就是一例，焦竑认为汉代学者往往不深入考察文字创造之初的原始意义，更加忽视古人以六书之法造字的初衷，而仅凭自己的理解去解释字义，比如将"母"解释为"牧也，言育养子也"，而未从字形加以考察，焦竑认为"母字从女从两点，女而加乳，象哺子形也"。在焦竑看来，汉儒对"父""子""弟""女"等字的解释都犯了同样的错误，并愤慨地说："率以己意牵合，岂知古人命名立义，固简而易尽乎?"焦竑通常以自己丰富的学识怀疑古人的注疏，并能作出较为客观合理的解释，在《焦氏笔乘》中这样的例子还有很多，不一一枚举，这也为清代训诂学的发展奠定了基础。

除了对字义进行考证之外，焦竑也非常注意对字音加以辨别、考证。这一点在《俗书刊误》中有大量记载，全书虽不足两万字，但却言简意赅，考核精微。在《焦氏笔乘》中这方面的例子也较多，比如《咎繇钟繇二繇同音》便厘定当时对"钟繇"的"繇"多误读作"由"的错误读法，并以《尚书》中"皋陶"即为"咎繇"为证，认为魏钟繇取名时是参校了《尚书》"咎繇"的意思而来的，因此两个"繇"必当同音，时人多为"由"，是错误的。这样辩证古音的例子还有很多，如《浊古音独》《缠读如战》《甄有三音》《霓可两音》，等等。

对历史人物、事件进行考证。焦竑考据的内容不仅包括字音、字义等古书的微观层面，同时也对历史人物事迹进行考核，有时甚至对历史人物进行褒贬评价，较典型的例子是焦竑在《开塞书》中通过对商鞅《开塞书》书名的考证，进而发表自己的评价，认为商鞅一味以"法"治国，规定若百姓不及时举报罪犯，则与罪犯同罚，举报则可获得厚赏，导致秦国的社会风俗日益败坏，甚至到了父子都可互相出卖的程度。除此之外，商鞅还诱骗百姓进行耕种，这些都使得秦朝的社会矛盾日益加重。与此类似的考据文章，在《玉堂丛语》《国朝献征录》中也有大量的记录。

另外，焦竑还对历史上几乎成为定论的事件进行考察。比如焦竑认为孟子并非受业于子思，对《孔丛子》《史记》中的记载大胆怀疑。焦竑主要从孔子、子思、孟子的生卒年代来证明自己的说法。另外，这样的文章还有《九辩九歌皆屈原自作》《亢仓子梼杌》等。今天看来，焦竑的这些考证未必确切，但学术真实和历史真实恰恰是在这一次又一次的考证、辩驳中不断发展的，每位考据者往往根据自己所见到的材料得出相应的结论，这潜在地起到了丰富材料、丰富思想的作用。后人往往会继续在此基础上进行去伪存真的工作，同时距离正确的结论也更近了一步。

考证、辨识名物、典制。焦竑与杨慎非常相似，两人都是以学识广博见长，这样他们在考据过程中对各种山川、器具、动物、植物、气候、节令、典章、制度等的考察便成了重要内容。对名物、典制的考订自明中期以来一直是考据学的重要部分，到了清代乾嘉学派被顾炎武等学者发扬光大。焦竑无疑是开风气之先者，如在《鄂不》考订《诗经·棠棣》"棠棣之华，鄂不韡韡"句中的"鄂不"，通过对《说文》《左传》《齐记》以及李白诗歌的综合归纳，最终认为其意思应该是花下面的花萼。又如考订《史记·项羽本纪》中提到"沐猴而冠"，焦竑认为其中的"沐猴"当为猴名。这样的例子还有很多，其中共同之处是在考证过程中都使用归纳法，在尽可能广泛列举同类例证的基础上得出结论，使考证具有极强的说服力。

同时焦竑也对古代乃至本朝的典章制度加以研究，考证各朝典制的具体情况。如在《笏制》中考证《礼记·玉藻》记载的"笏，天子以球玉，诸侯以象，大夫以鱼须文竹，士竹本象可也"。这里"笏"是古代天子和臣子上朝时所执的手板，用于记事。臣子手执何种笏板是品级的象征，诸侯仅次于天子，所以手中之笏为象牙所制，大夫又次一级，手中之笏则用竹板做成，只不过在竹板上要刻有"鱼须之纹"以示尊贵。除此之外，焦竑重点考证了"士竹本象可也"这句话，认为此处的"象"并非是"象牙"之"象"，是"形状"的意思，就是说士所用的笏板只是普通的竹板，并没有任何花纹。这样尊卑便可以区别开了。与此类似，焦竑还考证了古代"丹书铁券"的制度，在《铁券》考证说唐代的铁券形制是"其质铁，其形如瓦，高一尺，阔二尺，左右二块，面镌券文，背刻免罪俸禄之数"，而到了宋代铁券的高和宽则是根据官爵的高低有所不同，爵位越低铁券的规格越小。焦竑对历代典章制度的考察，对明代统治者也不无借鉴意义。

对古籍版本进行校勘。版本校勘是指对同一书籍不同时期的内容、章节、作者进行核实，从而订正讹误，辨伪存真。焦竑对版本的沿革十分熟悉，他回忆称自汉代以来古代经典都刻于石板之上，民间流传少量手工誊写之本，到了唐代开始用墨进行拓印，五代时开始出现雕版印刷，到了宋代此风盛行，于是六经以及各种史书、子书不断被翻印，而由于时代久远，秦汉时期的手写本渐渐变少，后世翻印书籍又错讹较多，因此导致"学者无他本刊验"，对经典的流传极为不利。正是由于看到这种情况，焦竑十分重视对古籍版本的辑佚和校勘。

焦竑十分擅长利用本校、对校、他校等方法进行校勘。本校是利用本书的前后文义、句式、词语来校对本书；他校是利用他书所载相同内容与本书相校对；对校是利用同一典籍的不同版本进行校对。兹举他校法一例：

> 《孟子》："沧浪之水浊兮"，"浊"音"独"，与"足"叶。《史·律书》："浊者，独也。"《白虎通》："渎者，浊也。"《汉书》："颍水浊，灌氏族。"《古乐府》："独漉独漉，水深泥浊。"张君祖诗"风来咏愈清，鳞萃渊不浊。斯乃玄中子，所以矫逸足"。又俗谓不明曰"壳浊"，以酒为喻；或作"骰突"，或作

"糊涂"，并非。

他校法是焦竑利用较多的一种方法，在利用大量材料进行校雠的过程中，不难看出他的学识非常渊博，虽然在校勘过程中可能存有一些不符合后世校勘规范之处，但这种努力是值得肯定的。

总而言之，焦竑在考据过程中所涉及的各方面内容基本上已经涵盖了后世考据的内容。尤其应该提到的是，清代的朴学正是沿着焦竑及杨慎所开创的道路前进的，并将考据学向更深层次推进，因此焦竑的考据之学对后世学术发展作出了重要贡献。具体言之：

首先，试图将考据与经世相结合。焦竑并不是为了考据而考据，考据只是焦竑经世的手段。焦竑的主要考据学著作《焦氏笔乘》中的大多数内容是他在求取功名过程中的读书笔记。他也十分重视对前代经典乃至史书的考证，对儒家六艺、《史记》《汉书》都用力颇多，因为在他看来这些经典中含有大量立身、治国的方略。这是与后来清代朴学学者截然不同的。清代考据之学也可称为朴学或乾嘉学派。客观地说，清代朴学对于扭转宋明以来"束书不观"的不良学风确实意义重大，一批朴学学者为考证古代典籍的应有之义付出了辛勤的劳动。但过犹不及，一些人沉溺考据，埋首故纸，远离现实，以求洁身避祸，丧失了古代文人忧国忧民的担当意识。直到清末章学诚、钱大昕等人才又重新举起史学经世的大旗，而在这一点上焦竑要比他们早出许多。

其次，将小学作为考据学的基础。明代阳明心学的兴起，使整个社会形成了一种"六经注我"的不良学术风尚，六经中的优秀思想被极大地篡改了，甚至有些人丝毫不读古书，而按照自己的意思对古代经典进行牵强附会式的解释。到了明中后期，一些学者开始意识到这种情况，焦竑的精神导师杨慎就是如此。作为明代考据学、博物学的开山之祖，杨慎认为上至古代的名儒大贤，下到近代的骚人墨客大多是先通文字、训诂、音韵之学才可能有所作为的。杨慎之后，这一思想被焦竑等人加以吸收。

焦竑把小学视为考据学的基础，因而对小学十分重视。他说："今人不通字学，而欲读古书，难矣哉！"这句话恰是焦竑对当时学术风气的慨叹。在他看来小学不仅是读古书必备的基础知识，而且也是一个人一生之中必须要接受的教育。在《国史经籍志》的《小学》类的小序中，焦竑首先便阐释了这一观点，他说："古者八岁入小学，习六甲四方与书数之艺，成童而授之经。迨其大成也，知类通达，所不晰，而小学始基之矣。"

在《刻小学序》中焦竑也有与这段话相似的言论，限于篇幅，不再列举。一般认为，音韵之学、文字之学、训诂之学是小学的主要内容，在古代这些都是蒙童阶段即需要具备的基本功，但到后世此学渐渐废弛，通晓其中一门即为大家，这就导致经典的意义渐渐被湮没。所以焦竑十分赞同其师耿定向的教诲，并在《小学衍义序》中开篇即回忆耿定向的话："先哲谓为学无小学一段功夫，故根基不立。"事实上，焦竑也确实如此言，较突出的表现是在《俗书刊误》和《焦氏笔乘》中大部分内容都是与文字、音韵和训诂相关联的。

再次，大胆怀疑，小心求证。近代著名学者胡适的这一治学方法用来形容焦竑并不为过。受焦竑独立不羁之哲学思想的影响，使得胡适在阅读古书过程中产生了大量疑问，在此基础上进行小心的论证，最终得出了许多值得重视的学术成就。而这种精神恰恰是考据学的精髓，没有怀疑精神永远不会产生问题，没有问题便只能死在古人脚下。

焦竑"古无叶音"观点的提出，便很好地证明了这一点。

焦竑感叹阅读古诗，往往限于耳目之间，凭空捏造附会许多字的读音，然后焦竑系统地利用《诗经》《离骚》中的原有诗句，十分雄辩地互相证明很多字的读音，最终得出深刻影响后世的结论。具体言之，焦竑的结论不仅影响了同时代的陈第，而且对清代学者也不无影响，顾炎武的《音学五书》、江永的《古韵标准》、戴震的《声类表》《声韵考》等著作都或多或少地受到了焦竑、陈第等人影响；焦竑大胆怀疑的考据学方法也在明清学者中产生了共鸣，几乎成了一种潜在的考据风尚，比如，胡应麟的《艺林学山》和《丹铅新录》中就有大量驳斥杨慎考据错误的内容，比焦竑稍晚的周婴也在其著作《卮林》中分别批驳了杨慎、王世贞、陈耀文、焦竑、胡应麟等学者考辨的讹误，等等。据此可知，焦竑考据学尽管远没有达到无懈可击的程度，但他得出的结论乃至他的考据精神、方法在学术史上都是值得大书特书的。

然而，正如上文所说，焦竑毕竟处于考据学的发轫期，所以难免存在一定的问题，这些问题突出表现在以下几个方面：

首先，考证范围过于广博。广博是焦竑为学的重要特点，这也成就了焦竑诸多方面造诣。在考据学内部焦竑也是如此，考证的范围相当之广。这是与明中后期的学术风尚密不可分的，明中后期的考据学者强调博物之学，甚至有些学者为了显示自己的学识，为了考证而考证，致使有些考证愈加烦琐、驳杂，这种取向使得很多学者浪费了很多精力。焦竑在考证过程中也同样存在这方面的问题，比如，焦竑就有许多篇章是考订动物、植物的形状、颜色、味道的，最为典型的例子是焦竑在《焦氏笔乘》中列了很多医方，其中多是取材于民间传说，甚至带有浓厚的神秘色彩："昔有人与奴俱得心腹病，奴死，割腹视之，得一白鳖。以诸药内鳖口中，终不死。后有乘白马来者，马溺溅鳖，缩头藏脚。试取溺灌之，豁然消成水。主人顿饮一升而愈。"

"褚澄善医。李道念有冷疾五年，澄曰：'汝病是食白瀹鸡子过多。'取苏一升，令煮服之。吐一物如升，涎裹之，乃是鸡雏，羽翅爪距皆见，凡十三头，而病愈。"

其次，很多考证不够规范，甚至有剽窃之嫌。焦竑考据的突出问题是许多引文未注明出处，这也是他被后世学者诟病的主要原因，其中清代四库馆臣对《焦氏笔乘》的批评尤为激烈："多剿袭说部，没其所出，如《周易举正》一条，乃洪迈《容斋随笔》语；《秃节》一条，乃宋祁《笔记》语；《开塞书》一条，乃晁公武《读书志》语；《一钱》一条，乃师古伪《苏轼杜诗注》语……如斯之类，不可缕数。"

其实，四库馆臣的评价有些苛刻，焦竑生活的时代，考据之学刚刚兴起，学术规范尚未确立，加之《笔乘》是多少带有些笔记性质的作品，所以难免会有一定的随意性。然而四库馆臣所说的现象的确存在，而且在《笔乘》中也存在妄删引文、牵强附会等弊病。

再次，考证有失肤浅，妄下断语。这一方面与焦竑崇尚广博是相关的，博而未精是很多考据者的通病。焦竑也不例外，他在考证过程中往往凭借二手材料得出结论，有时所举例证并没有穷尽所有现象，导致最终归纳的结论与事实不符。这一点同样被四库馆臣所发现，突出的例子是《笔乘》中有《周易举正》条，文末称唐人《周易举正》"此书世罕见，晁公武所进《易解》多引用之"。焦竑的这条考证来源于南宋洪迈的《容斋随笔》卷五《易举正》条，其文末称"晁公武所进《易解》多引用之，世罕有其书"。对此，焦竑并未仔细甄别，而加以抄录，结果与事实不符，原因是晁公武的《易解》在洪迈生活的南宋时代是存在的，但到了焦竑生活的明代，这本书已经亡佚，这就使得焦竑的错误很明显了。

综上，尽管焦竑的考据学存有上述诸多问题，但毕竟焦竑是一位开风气之先的学者，存在一定的不成熟之处在所难免。重要的是，焦竑在考据内容、考据方法等方面为后世考据学者作出了表率。他不仅为明代从心性之学走向求实之学作出了贡献，也对其后的清代学术尤其是考据学的发展奠定了坚实的基础，开创之功大于自身之过！

第 11 章

焦竑著述举要

　　焦竑作为明代大儒，以学识广博见称于世，《明史》称其"自经史至稗官、杂说，无不淹贯"，丰富的学识使其在各方面都有所建树。焦竑一生著述颇丰，在有明一代除了杨慎之外几乎无人与其比肩。这些著作中所蕴含的丰富哲学、史学、文学思想为后世研究明代学术作出了突出贡献，可惜其中很多著作在清代已被禁毁，至今只能在一些目录书中见其体例。兹将焦竑撰著、编选之书按存世、亡佚两类择其要者，列述如下：

焦竑现存著述

　　一、《澹园集》四十九卷。系焦竑诗文总集，是研究焦竑思想和文学成就的主要依据。

　　二、《澹园续集》二十七卷。与《澹园集》内容相似，今人李剑雄点校本将其合入《澹园集》一同出版。

　　三、《俗书刊误》十二卷。系文字学、考据学著作，多涉及字音、字义方面的校正。

　　四、《国史经籍志》六卷。是书为明以前图书目录集成，凡所见图书，无论存亡悉数收录，是焦竑修《明史·艺文志》

所搜集之材料。

五、《国朝献征录》一百二十卷。为明代人物传记资料汇编，主要以官爵品位安排目次，无爵位者按孝子、义人、儒林、艺苑、隐佚、寺人、释道、胜国群雄、四夷顺序排列。

六、《养正图解》不分卷。系教育儿童的故事选集，初为焦竑任东宫侍读官时，为教导皇长子朱常洛的通俗读物，内容以儒家道德为主，共六十个故事，分为文、行、忠、信四部。

七、《焦氏笔乘》六卷，《焦氏笔乘续集》八卷。系文字学、考据学著作，内容博杂，主要以读书札记为主，涉及音韵、文字、训诂、名物、典籍等诸多方面的考证。

八、《焦氏类林》八卷。主要以记述明人逸闻逸事为主，仿《世说新语》体例编成。

九、《玉堂丛语》八卷。为记载明人言行的资料总集，体例亦仿《世说新语》而成，凡五十四目，其中所在人物上迄洪武时期下至万历朝，跨度近两百年。

十、《老子翼》三卷，《考异》一卷。是书编辑上迄战国韩非下至明代李贽等人对《老子》的注释而成书，书中共载六十四家注释，为历代《老子》注释汇编。

十一、《庄子翼》八卷，《庄子阙误》一卷，《附录》一卷。是书体例与《老子翼》相同，是一部历代《庄子》注释汇编。现存明万历十六年刻本，有焦竑自序以及王元贞的序言。

十二、《阴符经解》一卷。是书焦竑以佛家思想解读道家《阴符经》，此书恰能反映焦竑"三教会通"的学术旨趣。

十三、《支谈》三卷。又名为《支说》，是书多以佛道之理阐释儒家之理，也是焦竑"三教会通"思想的反映。《焦氏笔乘》中有《支谈》上、中、下三卷，即为此书。

十四、《两汉萃宝评林》三卷。此书收录前、后《汉书》之文，又有自苏轼以来宋明诸儒的评论文字。

十五、《中原文献子集》七卷。是书以收录前人文章为主，体例为首先介绍人物、生平，然后节录其文，也有评点性文字。

十六、《二十九子品汇释评》二十九卷。共收录以《老子》《庄子》为代表的二十九子之书，同时亦有焦竑等人的评点性文字。

十七、《注释九子全书》十四卷。是对《老子》《淮南子》《列子》《庄子》《荀子》《杨子》《吕氏》《韩非子》《文中子》等书的注释。

十八、《历科廷试状元策》七卷。是书以收录明朝历年状元廷试策问为主，题为焦竑、吴道南同编。

十九、《新刊焦太史汇选百家评林明文珠玑》十卷。为明代文章评选集，汇集有益于科举考试之文而成书。每篇文章均有评语，文末有评选者的阅后体会，体例与《二十九子品汇释评》类似。

二十、《升庵外集》一百卷。此书为焦竑对杨慎作品的搜集、整理。

二十一、《校刻北西厢记》五卷。此书为焦竑对《西厢记》的评点，是焦竑追求自由之“性灵”思想的集中体现。原版的校刻者署名“龙洞山农”，据蒋星煜《明刻本西厢记研究》、卜键《焦竑的隐居交游与其别号龙洞山农》（《文学遗产》1986年第1期），以及李剑雄《焦竑评传》考证，此“龙洞山农”即为焦竑无疑。

二十二、《谢康乐集》四卷。此书由南朝宋谢灵运撰，明代沈启元辑，焦竑校对。

二十三、《五言律细》一卷。此书收录自唐太宗时期至中唐时期的重要诗人四十六家，五言律诗约二百首，体例为按时间顺序排列诗人作品，诗末偶有评论者的解说评点性文字。

二十四、《七言律细》一卷。体例与《五言律细》相同，收录自初唐至晚唐的诗人五十六家，存七律一百六十余首。

二十五、《京学志》八卷。此书记载应天（南京）府学的创制过程以及府学的各种典章规范，书稿首创于金陵督学张履正，然后何琪枝、张礼化加以补充，后经焦竑润色而成书。

二十六、《关公祠志》九卷。内容主要以追述关公事迹，歌颂其德行为主，焦竑仅是该书的校正、增订者，并非主要作者。该书主要作者为明山西解州人赵钦汤，焦竑对是书进行了修改工作，并撰有序言。

二十七、《东坡志林》五卷。又名为《东坡手泽》，是对东坡文章的选录，并附有焦竑评述，文章分成记游、怀古、修养等类，后被编入《东坡大全集》。

焦竑已佚著述

一、《易筌》六卷，《附论》一卷。是焦竑以佛老思想解释《周易》的代表之作，体现其"三教融通"的思想倾向。

二、《禹贡解》一卷。历来与是书同名者甚多，分别为不同时期学者对《尚书·禹贡》篇之解读。

三、《考工记解》不知卷。此书是对《礼记·考工记》篇的注解。历来与其同名者亦有之，较常见者为宋人林希逸《考工记解》二卷，《四库提要》将其列为经部礼类。

四、《熙朝名臣实录》二十七卷。此书仿宋人《实录》之体，对明代将相、名臣事迹进行记载，其中也含有对士人、庶人、方外之士乃至童仆妾妓的记述。

五、《逊国忠节录》不知卷。此书主要记述明建文朝殉难诸臣的事迹。

六、《词林历官表》三卷。该书内容不详，可能是对明代翰林众官员职位变迁及相关事迹的记录。

七、《焦氏藏书目》二卷。焦竑一生藏书极丰，该书是记载其藏书的总目，对其编写《国史经籍志》亦有所帮助。

八、《焦弱侯问答》一卷。此书内容与《澹园集》中《明德堂答问》《崇正堂答问》《古城答问》应该十分接近，是焦竑与学生、友人的问答集结成文。其中多体现焦竑的心学主张以及三教融通倾向。

九、《明世说》八卷。内容应与《玉堂丛语》类似，以记载明人的言行为主。

十、《金陵旧事》十卷。该书以记载金陵的人物、风俗、典故为主。

十一、《东宫讲义》六卷。该书内容应是焦竑任皇长子朱常洛讲读官时的讲稿。

十二、《春秋左传抄》十四卷。内容不详，可能是对《左传》相关内容的节录。

十三、《南华真经余事杂录》二卷。是书应是对《庄子》的注释，与《庄子翼》性质大略相同，可能内容相对芜杂。

综上，焦竑的著述可谓异常丰富，涵盖经、史、子、集各个门类。另外，因为焦竑名气较大，加之明代以后印刷业发展迅速，致使有很多好利书商有意识地假托焦竑之名制作伪书，这给后世厘定焦竑作品带来很大麻烦。所以本书对不能确定真伪或存有争议的焦竑作品没有收录，这些作品如《皇明人物考》《列卿记》《欣赏斋书目》《张于湖集》等。另有一些焦竑校正、评订的著述，由于笔者未能亲见也没有列出，如《唐荆川先生纂辑武编前》《焦竑评苏长公二妙集》等。

附　录

年　谱

1540 年（明嘉靖十九年）　　生于南京应天府旗手卫。

1555 年（嘉靖三十四年）　　应童子试，为当地督学赵方泉所赏识，选入南京兆学（应天府学）读书。王铣到南京，任学博士，成为焦竑经师。

1558 年（嘉靖三十七年）　　在南京参加乡试，落第。

1559 年（嘉靖三十八年）　　在南京天界寺和报恩寺苦读，得到苏辙《老子解》，深受影响。

1561 年（嘉靖四十年）　　娶同里老儒朱鼎的第三女为妻。

1562 年（嘉靖四十一年）　　冬，耿定向来督南直隶学政，非常器重焦竑。焦竑此时开始服膺阳明心学。

1564 年（嘉靖四十三年）　　得中乡试举人。是年冬北上，准备来年会试。

1565 年（嘉靖四十四年）　　春，应北京会试，落第，返回南京。王襞来南京讲学，焦竑与之结交，并深受影响，也开始自己讲学。

1566 年（嘉靖四十五年）　　结识耿定向之弟耿定理、邹守益之孙邹德涵。耿定向在南京清凉山建崇正书院，选焦竑为学长。

1567 年（隆庆元年）　　冬，赴北京准备来年会试。在北京与李贽初识，未深交。

1568 年（隆庆二年）　　在北京，会试落第。结交高朗（字子晦）、刘澯（字君东）等阳明学者。

1569 年（隆庆三年）　　春，在黄安与耿氏兄弟同登天台山。离别时，互相赋诗赠答，后由耿定力编为《天台别定》。

1570 年（隆庆四年）　　李贽改任南京刑部员外郎，焦竑始与李贽深交。秋，北上，准备明年会试。

1571 年（隆庆五年）　　春，在北京会试，落第而归。

1572 年（隆庆六年）　耿定理路过南京，与焦竑、李贽论学。冬，焦竑母亲去世，竑守制家中。

1574 年（万历二年）　春，王襞再至金陵讲学，焦竑深受影响。焦竑与王襞迎耿定向于真州（今江苏仪征），切磋学术。十一月，妻朱安人卒。

1575 年（万历三年）　冬，续娶同里武举人赵琦之女为妻。

1576 年（万历四年）　冬，赴北京准备明年会试。

1577 年（万历五年）　春，参加会试，再次落第。

1580 年（万历八年）　春，参加会试，落第而归。开始记录读书所得，后经李士龙整理成《焦氏类林》。李贽离任姚安知府，拟返黄安，与焦竑订约。

1581 年（万历九年）　李贽返回黄安。冬，焦竑与李贽相会，痛饮十日乃归。

1582 年（万历十年）　此年焦竑父亲焦文杰八十岁。冬，赴北京，准备会试。

1583 年（万历十一年）　春，会试，又落第。

1584 年（万历十二年）　父焦文杰病逝，年八十二岁。

1585 年（万历十三年）　焦竑与李贽书信不断，焦竑赋《送刘审理还亭州兼简宏甫》诗与李贽。《焦氏类林》编成。

1586 年（万历十四年）　在家为父居丧，未参加会试。著名心学学者罗汝芳讲学金陵，竑与姚汝循访之，并正式拜汝芳为师。《焦氏笔乘》初刻版成书，《阴符经解》亦成，自为序。

1588 年（万历十六年）　《老子翼》刻成。是年冬，往北京，准备会试。

1589 年（万历十七年）　春，状元及第，任北京翰林院修撰。

1590 年（万历十八年）　举家入京。为李贽《焚书》作序。

1592 年（万历二十年）　修撰考核期满，父母妻子获得封赠。同年，任会试同考官，陈懿典、袁宏道俱为此年及第。奉命出使大梁（河南），册封周藩之颍川、沈丘二郡王，顺道归金陵。得苏辙诗与《春秋解》。

1593 年（万历二十一年）　春，在南京，以交游、论学为主。夏，返回北京。

1594 年（万历二十二年）　朝廷正式开设史局，欲修明史。初，陈于陛欲令焦竑独自领导完成，竑婉拒，为修撰官。其间，上《修史条陈四事议》等论文。同年，皇长子出阁，焦竑任东宫讲读官，开始编写《养正图解》作为教材。

1595 年（万历二十三年）　《养正图解》编成，但被同为讲读官的郭明
　　　龙等人所妒忌。

1597 年（万历二十五年）　秋，主持顺天乡试，任副主考。大学士张位等
　　　人诬蔑竑有舞弊行为，以所取文章"文多险诞语"为名，弹劾焦竑。
　　　竑作《谨述科场始末乞赐查勘以明心迹疏》辩白，未果，被贬为福建
　　　福宁州同知。《养正图解》刻成，上呈神宗，更引起同僚嫉恨。

1598 年（万历二十六年）　春，往福宁州赴任，与李贽同行。六月，在南
　　　京停留，时与杨复所、李贽论学讲道。十月，始离开南京往福宁州
　　　任上。

1599 年（万历二十七年）　在福宁州任上不久，遇官员考核，被目为官
　　　"浮躁"。愤而辞官，归里后与李贽钻研《易》学，李贽《藏书》刻
　　　成，竑为之作序。利玛窦在南京，专程拜访焦竑，称其为"三教领
　　　袖"。

1603 年（万历三十一年）　十月，往新安讲学，主讲于还古书院，会者数
　　　千人，后由门人谢与栋编成《古城答问》一卷。

1604 年（万历三十二年）　陈第来访，居焦家数月，始著《毛诗古音
　　　考》。

1606 年万历三十四年)　《澹园集》正集（四十九卷）编成，得黄云蛟
　　　资助，刻于扬州。《焦氏笔乘》正、续集由门人谢吉甫刊行。陈第
　　　《毛诗古音考》成书，竑为之作序、跋。秋，于南京罗近溪祠堂讲学，
　　　言行由佘永宁录成《明德堂答问》一卷。次子焦周（又名朗生）卒。

1607 年（万历三十五年）　七月，第二任妻子赵氏去世，与前妻朱氏合葬
　　　于牛首山。

1608 年（万历三十六年）　校定《品茶要录》。陈第来访，商讨
　　　《易》学。

1609 年（万历三十七年）　焦竑七十寿辰，邹元标、顾起元、陈懿典等人
　　　悉数祝贺。朱常洛被正式立为太子，任焦竑为南京国子监司业。长子
　　　尊生卒。陈第再访焦竑，竑为其《伏羲图赞》作序。

1610 年（万历三十八年）　辞谢任南京国子监司业之职。夏，《俗书刊误》
　　　书成，自为序。作《书洛阳伽蓝记后》《晏氏家谱序》等文。

1611 年（万历三十九年）　《澹园续集》编成，夏，由整饬徽宁等处兵

备副使金励、当涂令朱汝鳌刻于当涂，金励及竑门人徐光启为之作序。

1612年（万历四十年）　作《李氏遗书序》《尚书疏衍序》。冬，与黄汝亨等人访问陈第于金陵僧舍。

1615年（万历四十三年）　改葬亡妻朱氏、赵氏，移灵于雨花台宝林庵侧，撰《焦室朱、赵两安人迁葬墓志铭》。

1616年（万历四十四年）　《国朝献征录》一百二十卷刻成。

1617年（万历四十五年）　所整理之《升庵外集》一百卷刻成。

1618年（万历四十六年）　所撰《玉堂丛语》刻成，顾起元作序。同年，李贽《续焚书》刻成，竑为是书作序。

1619年（万历四十七年）　十一月，于八十寿辰的第二天溘然长逝。按：另有一说称，竑卒于次年，即1620年，八十一岁，容肇祖先生即持此论。多数学者考证认为应卒于1619年，年八十岁，本书从众论。

1621年（天启元年）　因焦竑为先朝讲读官，熹宗降旨："复官，赠谕德，赐祭。荫子一人入太学。"

1644年（崇祯十七年，南明福王弘光元年）　南明福王朱由崧即位，追加竑谥号"文端"。

参考书目

1. 《明实录》，（台湾）"中央研究院"历史语言研究所，1962年校印版。

2. 〔清〕张廷玉等撰：《明史》，中华书局，1974年。

3. 〔清〕徐开任辑：《明名臣言行录》，清康熙刻本。

4. 〔明〕申时行等撰：《明会典》，商务印书馆，1936年影印本。

5. 〔清〕黄宗羲：《明儒学案》，中华书局，1985年。

6. 〔清〕陈作霖辑：《金陵通传》，清光绪三十年刻本。

7. 李剑雄：《焦竑评传》，南京大学出版社，1998年。

8. 施锡美：《焦竑〈庄子翼〉研究》，花木兰文化出版社，2006年。

9. 李文琪：《焦竑及其〈国史经籍志〉》，花木兰文化出版社，2007年。

10. 容肇祖：《明代思想史》，开明书店，1941年。

11. 李焯然：《明史散论》，允晨文化事业股份有限公司，1988年。